D1729848

Carolin Lüdemann

Business mit Stil

Folgende Titel sind bisher in der Financial Times Deutschland Bibliothek erschienen:

Bernard Baumohl
Die Geheimnisse der Wirtschafts-
indikatoren

Michael Brückner
Uhren als Kapitalanlage

Michael Brückner
Megamarkt Luxus

Rolf Elgeti
Der kommende Immobilienmarkt
in Deutschland

Hans Joachim Fuchs
Die China AG

Charles R. Geisst
Die Geschichte der Wall Street

Adrian Gostick / Chester Elton
Zuckerbrot statt Peitsche

Robert L. Heilbroner
Die Denker der Wirtschaft

Leander Kahney
Steve Jobs' kleines Weißbuch

Steffen Klusmann
101 Haudegen der deutschen
Wirtschaft

Steffen Klusmann
Töchter der deutschen Wirtschaft

Dr. Karin Kneissl
Der Energiepoker

Jeffrey K. Liker
Der Toyota Weg

Jeffrey K. Liker / David P. Meier
Praxisbuch „Der Toyota Weg"

Jeffrey K. Liker / David P. Meier
Toyota Talent

Paul Millier
Auf dem Prüfstand

Geoffrey A. Moore
Darwins Erben

Howard Moskowitz / Alex Gofman
Selling Blue Elephants

Peter Navarro
Das komplette Wissen der MBAs

Daniel Nissanoff
FutureShop

J. Porras, S. Emery, M. Thompson
Der Weg zum Erfolg

Joachim Schwass
Wachstumsstrategien für
Familienunternehmen

www.finanzbuchverlag.de/ftd

Carolin Lüdemann

Business
mit Stil

Erfolg im Geschäftsleben mit
modernen Umgangsformen

FinanzBuch Verlag

Bibliografische Information der Deutschen Bibliothek:
Die Deutsche Bibliothek verzeichnet diese Publikation in der
Deutschen Nationalbibliografie; detaillierte bibliografische Daten
sind im Internet über http://dnb.ddb.de abrufbar.

Lektorat: Leonie Zimmermann
Korrektorat: Lydia Wismeth
Covergestaltung: Melanie Feiler
Satz und Druck: Druckerei Joh. Walch, Augsburg

Lüdemann · Business mit Stil
1. Auflage 2009
© 2009
FinanzBuch Verlag GmbH
Nymphenburger Straße 86
80636 München
Tel.: 089 651285-0
Fax: 089 652096

Die Autoren erreichen Sie unter:
luedemann@finanzbuchverlag.de

ISBN 978-3-89879-445-9

┌─ Weitere Infos zum Thema ─────────────────────────────
www.finanzbuchverlag.de
Gerne übersenden wir Ihnen unser aktuelles Verlagsprogramm

Inhalt

Vorwort

„Die Erste, ja für sich allein beinahe ausreichende Regel des guten Stils ist diese, dass man etwas zu sagen habe."

– Arthur Schopenhauer (1788-1860), deutscher Philosoph

„Sind Manieren zeitgemäß?", fragte kürzlich die *Welt am Sonntag*. Die *Wirtschaftswoche* titelte mit „Erfolgsfaktor Manieren". Die Sat.1-Sendung „WeckUp" interviewte zur Relevanz von Umgangsformen eine Germanys-Next-Topmodel-Teilnehmerin, die neben ihrem guten Aussehen in der gleichnamigen Show von Heidi Klum vor allem durch flotte Sprüche aufgefallen war. So unterschiedlich die Medien und die Gesprächspartner, umso ähnlicher die Quintessenz: Die Frage ist nicht, *ob* Umgangsformen zeitgemäß sind, sondern vielmehr *welche*. Denn dass Manieren Hochkonjunktur haben, ist unumstritten.

Was wir jedoch genau unter Begriffen wie Manieren oder Umgangsformen verstehen, ist individuell: Der Autor der *Welt am Sonntag*, Adriano Sack, bekennt, um die Benimmführer-Ecke im Buchladen einen großen Bogen zu machen, weil in den „ironisch-distanzierten oder blauäugig-reaktionä-ren Publikationen die Nostalgie nach einer Zeit mitschwingt, die wir alle nie erlebt haben." Jedoch freundet er sich mit dem Begriff „social graces" an und versteht darunter eine Art Gewandtheit im Umgang, die auf emotionaler und situativer Intelligenz gründet. Manieren also, die nicht auf Regelwerk, sondern auf Herzensbildung beruhen und die wichtiger Bestandteil dieser Welt sind. Jochen Mai, der Redakteur der *Wirtschaftswoche,* vertritt die Auffassung, dass gutes Benehmen nichts ist, was man „im Bedarfsfall zückt". Denn guten Stil hat man – oder eben nicht. Klar wird in seinem Artikel: Wer beruflichen Erfolg anstrebt, braucht gute Manieren. Und selbst die unerschrockene Fiona Erdmann von Germanys-Next-Topmodel erzählte in Sat.1, dass ihre Eltern sehr viel Wert auf gute Erziehung gelegt hätten und sie selbst Höflichkeit im Umgang unabdingbar und absolut zeitgemäß findet. Ich selbst bin der Meinung, dass Umgangsformen ein Rahmen sind, der es Ihnen ermöglicht, sich optimal in Szene zu setzen, und der sicherstellt, dass Ihnen andere Menschen mit Respekt und Wohlwollen begegnen. Die beste Voraussetzung für fast alles im Leben.

Um vorweg eine Entwarnung auszusprechen: Ich verstehe mich nicht als eine Benimmpäpstin, die mit erhobenem Zeigefinger auf die Fauxpas der anderen zeigt. Meine Absicht ist nicht, Sie in ein Regelkorsett zu zwängen in dem Sie sich unweigerlich eingeengt fühlen. Ganz im Gegenteil. Als Business-Coach und Referentin habe ich die Erfahrung gemacht, dass das Wissen um die richtigen Regeln für das Miteinander nicht einengt, sondern frei macht. Wer weiß, wo und wann welche Spielregeln zum Einsatz kommen, setzt sich souverän und überzeugend in Szene. Denn nur weil viele Gebote existieren, bedeutet das nicht, dass diese allesamt angewendet werden müssen. Sehr oft ist Fingerspitzengefühl gefragt. Und kaum etwas ist schlimmer, als (un-)bewusst in Fettnäpfchen zu treten und sich am Ende hilflos zurückzuziehen, weil man den äußeren Anforderungen nicht gewachsen ist oder sich in bestimmter Gesellschaft schlicht und ergreifend unwohl fühlt. Daher vertrete ich nicht die Auffassung, dass man Stil entweder hat – oder nicht. Jeder kann sich mit den Gepflogenheiten des guten Tons vertraut machen und damit ab sofort glänzen.

Bei aller Edelmütigkeit wollen wir den Karrierefaktor der guten Umgangsformen nicht ignorieren: Tatsache ist, dass in immer mehr Unternehmen großer Wert auf das Benehmen der Mitarbeiter gelegt wird. Insbesondere wenn der Kundenkontakt zum täglichen Business gehört, ist das Wissen um bestimmte Benimmregeln unumgänglich. Nur so kann ein Arbeitgeber sicher sein, dass er von seinen Mitarbeitern angemessen repräsentiert wird – und einen guten Eindruck hinterlässt.

Sie sehen schon: Zum Business mit Stil gibt es einiges zu sagen. Um mit den Worten des französischen Malers, Dichters und Regisseurs Jean Cocteau (1889 – 1963) zu schließen: „Stil ist die Fähigkeit, komplizierte Dinge einfach zu sagen. Nicht umgekehrt." Beim Schreiben war meine Intention, diese Aussage auf jeder Seite zu beherzigen. In diesem Sinne wünsche ich Ihnen ein interessantes, kurzweiliges und trotzdem lehrreiches Lesevergnügen!

CAROLIN LÜDEMANN

Kapitel 1

Auf Spurensuche

Manieren, Etikette, Moral und Stil: Begriffsdschungel rund um das gute Benehmen

Fast wie in der Villa Kunterbunt von Astrid Lindgren fühlt sich derjenige, der sich näher mit „Umgangsformen" beschäftigt. Beinahe so bunt wie das Treiben im Hause von Pippi Langstrumpf sind die Begrifflichkeiten, die rund um dieses Thema kreisen. Mal ist die Rede von *Manieren*, mal spricht man von der *Etikette*, mal von den *Knigge-Regeln* oder sogar von der *Moral*.

Obwohl wir diese Begriffe umgangssprachlich gern in einen Topf werfen, so bedeuten sie beileibe nicht dasselbe. Und so sei an dieser Stelle kurz erklärt, was womit gemeint ist – zumal dieses Buch den Titel *Business mit Stil* trägt.

Das Wort *Manieren* hat einen französischen Ursprung. *La manière* ist die Art und Weise, wie etwas getan wird. Manieren sind daher nicht bestimmte Verhaltensregeln, sondern eine Geisteshaltung. Die Bedeutung dieses Begriffs hat in jüngster Vergangenheit insbesondere der äthiopische Prinz Asfa-Wossen Asserate geprägt, der mit seinem Buch *Manieren* einen Bestseller landete. Darin geht es Asserate nicht um die Einhaltung bestimmter Verhaltensregeln, sondern um das Hinterfragen von Sitten, Gebräuchen und Ethik vor dem Hintergrund einer modernen Welt.

Der Begriff *Etikette* stammt ebenfalls aus dem Französischen (*étiquette*) und beschreibt die Gesamtheit aller Umgangsformen. Ursprünglich meinte man mit dem französischen Wort *étiquette* Zettel mit Hinweisen auf das Hofzeremoniell. Diese Zettel beziehungsweise Schilder ließ Ludwig XVI. bei Hofe aufstellen. Auf ihnen waren Verhaltensregeln wie zum Beispiel die Rangfolge der am Hof zugelassenen Personen notiert. Geläufig ist der Begriff Etikette heutzutage insbesondere Golfspielern wegen der so genannten Verhaltensregeln auf einem Golfplatz. Und als Etikett bezeichnet man ein Preisschild an der Ware, was von der Begrifflichkeit her mit dem französischen Ursprung des Wortes in Verbindung gebracht werden kann.

Der Ausdruck *Moral* wird auf das Lateinische zurückgeführt, wo das Wort *mos* Sitte, Brauch, Gewohnheit und Charakter bedeutete. Als Moral bezeichnet man heute die in der Gesellschaft akzeptierten Normensysteme und die dementsprechende Haltung des Einzelnen. Moral ist daher, was die Menschen für richtig halten. Umgangssprachlich bekannt ist insbesondere die Formulierung „Und die Moral von der Geschichte?", die sich auf den Lehrgehalt einer Erzählung bezieht.

Die Herkunft des Wortes *Stil* ist eine sehr amüsante, die zugleich bestens auf das Schreiben eines Buchs passt. *Stil* kommt nämlich aus dem Lateinischen: *Stilus* bedeutete Griffel und Schreibgerät ... Heute versteht man unter *Stil* vorwiegend Leistungen auf den Gebieten der Sprache sowie der Kunst und benennt mit *Stil* auch die Art und Weise des Verhaltens. Umgangssprachlich ist die Formulierung „Das ist (kein) guter Stil" bekannt, womit entweder das Benehmen oder das Erscheinungsbild anderer beurteilt wird.

Als gute *Umgangsformen* bezeichnet man ein Verhalten, welches das Zusammenleben möglichst reibungs- und konfliktfrei gestaltet. Je nach kulturellem Hintergrund können die Ansichten darüber, was gute Umgangsformen sind, differieren. Auch ist die Formulierung „einen guten Umgang haben" bekannt und umschreibt den guten Ruf von Freunden und Geschäftspartnern.

Für das *Benehmen oder Betragen* gibt es in der Schule sogar manchmal Noten. In einigen deutschen Bundesländern (so in Bremen, Saarland und Hamburg) steht das Unterrichtsfach „Umgang – Benehmen – Verhalten" auf dem Stundenplan. Das Fach konnte sich jedoch (noch) nicht umfassend durchsetzen, da Kritiker bemängeln, dass das Betragen Bestandteil des gesamten Schulalltags und nicht Gegenstand eines einzelnen Fachs sein sollte.

Adolph Freiherr Knigge: Sinnbild für gutes Benehmen

> *„Handle gut und anständig, weniger anderen zu gefallen, eher um deine eigene Achtung nicht zu verscherzen."*

– Adolph Freiherr Knigge (1752 – 1796)

Der mit am häufigsten verwendete Ausdruck im Zusammenhang mit dem Thema Umgangsformen ist der des *Knigge*. Es existieren mittlerweile zahlreiche Ratgeber unter Verwendung dieses geflügelten Wortes, zum Beispiel der Reise-, Flirt- oder Karriere-Knigge. Und so mancher Apotheker scheut nicht davor zurück, einen Schnupfen-Knigge zu empfehlen, auch wenn er darunter nicht mehr als das Händewaschen nach dem Naseputzen versteht.

Genau betrachtet bezieht sich *Knigge* auf seinen Namensgeber Adolph Franz Friedrich Ludwig Freiherr Knigge, der am 16. Oktober 1752 bei Hannover geboren wurde. Dass sein Name heutzutage in aller Munde ist und mit gutem Benehmen in einem Atemzug genannt wird, ist in erster Linie darauf zurückzuführen, dass der Freiherr im März 1788 sein Buch *Über den Umgang mit Menschen* veröffentlichte. Wie sich aus dem Titel schon erahnen lässt, beschäftigte sich Knigge in seinem Werk weniger mit Benimmregeln als vielmehr mit Tugenden wie Gastfreundschaft, Verlässlichkeit, Pünktlichkeit, Freundschaft, Verantwortung oder Diskretion. Gerade in dieser Vielfalt der Knigge-Publikation sehen viele Kritiker die eigentliche Bedeutung: Im ersten Kapitel macht der Freiherr „allgemeine Bemerkungen und Vorschriften über den Umgang mit Menschen", im zweiten Kapitel gibt er Rat zum „Umgang mit sich selber" und im erst später hinzugefügten dritten Kapitel erfährt der Leser den passenden „Umgang mit Leuten von verschiednen Gemütsarten, Temperamenten und Stimmungen des Geistes und Herzens", so zum Beispiel mit „Eigensinnigen, Zanksüchtigen, Trunkenbolden oder Windbeuteln".

Zu den Vorbildern des *Umgangs* gehörte Lessing mit der „Erziehung des Menschengeschlechts" sowie der Knigge ebenfalls persönlich bekannte Friedrich Schiller mit „Briefen über die ästhetische Erziehung des Menschengeschlechts". In Knigges Werk sind außerdem weiter zurückreichende Wurzeln in die griechische Antike, in der das Leitbild des Schönen und Guten geprägt wurde, zu erkennen. Daneben darf man annehmen, dass Knigge von zu seiner Zeit modernen Wochenschriften mit den schönen Titeln „Der Redliche", „Der Rechtschaffene" oder „Der Biedermann" beeinflusst wurde. Knigges *Umgang mit den Menschen* wurde von ihm selbst als Neuerung bezeichnet: „Der Gegenstand dieses Buchs kommt mir groß und wichtig vor, und irre ich nicht, so ist der Gedanke, in einem eignen Werke Vorschriften für den Umgang mit allen Klassen von Menschen zu geben, noch neu."[1]

Seit der Veröffentlichung von Knigges Werk ist reichlich Zeit ins Land gezogen. Daher werden einige seiner Auffassungen heute logischerweise als antiquiert und amüsant zugleich angesehen. Beispielsweise gehörte nach Knigges Meinung zu einer „natürlichen Ordnung" die „Herrschaft des Mannes über die Frau, weshalb der Mann auch mehr Geheimnisse für sich bewahren darf als die Frau. Schöngeisterei und Gelehrsamkeit sind gegen die Bestimmung der weiblichen Natur und behindern nur die treue Erfüllung ihres Berufes." Den Freiherrn überfiel der „Fieberfrost", wenn er eine Dame traf, die „große Ansprüche auf Schöngeisterei, oder gar auf Gelehrsamkeit macht." Denn dann „geht alles verkehrt im Hause, die Speisen kommen kalt oder angebrannt auf den Tisch; es werden Schulden auf Schulden gehäuft; der arme Mann muss mit durchlöcherten Strümpfen einherwandeln; wenn er nach häuslichen Freuden seufzt, unterhält ihn die gelehrte Frau mit Journalsnachrichten oder rennt ihm mit einem Musenalmanach entgegen, in welchem ihre platten Verse stehen, und wirft ihm höhnisch vor, wie wenig der Unwürdige, Gefühllose den Wert des Schatzes erkennt, den er zu seinem Jammer besitzt."[2]

---

1) Knigge, Adolph Freiherr: *Über den Umgang mit Menschen.* Vorrede zu den ersten beiden Auflagen, S. 444.
2) Knigge, Adolph Freiherr: *Über den Umgang mit Menschen.* S. 205f.

Keineswegs lobt Knigge in seinem Buch nur die Oberschicht der damaligen Gesellschaft: Anstand und Würde lassen ihn insbesondere diejenigen vermissen, die es als „gnädige Herrschaft wagen, samt Kindern und Bediensteten auf die herabzublicken, die eigentlich Garanten einer zivilisierten Zukunft sind."

Vielfach wurde Knigges Werk kritisiert und als Ansammlung der unterschiedlichsten Gebote bezeichnet. Heute weiß man jedoch, dass die Kritiker höchstwahrscheinlich nie das Originalbuch von Knigge in den Händen gehalten haben, sondern nur eine der zahlreichen überarbeiteten Fassungen anderer Autoren. Zum damaligen Zeitpunkt war das Urheberrecht noch ein unbekanntes Phänomen.[3]

Infolgedessen wird Knigge heute als ein Autor eingeschätzt, der ein bedeutendes Lebenswerk geschrieben hat, das unglücklich verändert, dadurch missverstanden und falsch interpretiert wurde. Als sich Knigge selbst in der Vorrede zur dritten Auflage gegen Kritiken verteidigt, bringt er zum Ausdruck, dass er es für „prahlerisch" gehalten habe, seinem Werk einen Titel zu geben wie „Vorschriften, wie der Mensch sich zu verhalten hat, um in dieser Welt und in Gesellschaft mit andern Menschen glücklich und vergnügt zu leben und seine Nebenmenschen glücklich und froh zu machen".[4] Und Prahlerei gehörte natürlich zu den unerwünschten Verhaltensweisen, die der Freiherr in seinem Buch anprangerte und verurteilte.

Knigges Erben

Eines steht unumstößlich fest: Freiherr Knigge hat viele Erben. So publizierte sein direkter Nachfahre Moritz Freiherr Knigge seine moderne (Auf-) Fassung zum Thema „Spielregeln. Wie wir miteinander umgehen sollten". In Österreich wacht der Benimmpapst Thomas Schäfer-Elmayer über Moral und Sitte beim traditionsreichen Wiener Opernball. In Deutschland war insbesondere eine Frau im politischen Dienst meinungsbildend zum Thema Manieren und Etikette: Erica Pappritz (1893 – 1972) galt in der Nachkriegszeit als die Benimmpäpstin in Deutschland. 1949 wurde sie Referentin und persönliche Stellvertreterin von Hans Herwarth von Bitten-

---

3) Vgl. Hermann, Ingo: *Knigge: Die Biografie*, S. 167 und 314f.
4) Knigge, Adolph Freiherr: *Über den Umgang mit Menschen*, S. 443.

feld, dem damaligen Protokollchef des Bundeskanzleramts, und war nach ihrem Wechsel in das Auswärtige Amt unter anderem für die Ausbildung des Diplomatennachwuchses auf dem Gebiet des Protokollwesens verantwortlich. Noch während ihrer Amtszeit schrieb sie als Mitautorin den Bestseller „Buch der Etikette", der detailliert Verhaltensregeln vorgab und zur Benimmbibel der 50er-Jahre wurde. Es finden sich in dem Werk Hinweise darauf, wie eine Wohnung eingerichtet wird („Es hängt an der Wand und ist – kein Bild."), wie man mit Bediensteten umgeht („Eine Hausangestellte erzählt"), sich kleidet („Bezaubernde Eva/Korrekter Adam"), was sich in der Öffentlichkeit und insbesondere im Straßenverkehr geziemt („Kavalier am Steuer des geliebten Autos") oder wie man sich auf spiegelndem Parkett bewegt („Wir bitten zum Tanz") – um nur einige Beispiele zu nennen.

Auch Elisabeth Gräfin von Werthern, die 33 Jahre lang Vorsitzende der Deutschen Parlamentarischen Gesellschaft war, setzte sich in den 50-er Jahren für den Erhalt der guten Sitten ein. Der Öffentlichkeit bekannt wurde Elisabeth Gräfin von Werthern insbesondere als Benimmkolumnistin des Magazins „Jasmin – Die Zeitschrift für ein Leben zu zweit". Die Parlamentarische Gesellschaft galt damals schon als eine Art Club für Politiker. Daher wundert es nicht, dass die Gräfin mit allen Großen der Politik gut bekannt gewesen ist – so auch mit Konrad Adenauer. Der Bundeskanzler weigerte sich jedoch beharrlich, die Gräfin adelsrechtlich anzusprechen und redete sie immerzu mit „Frau Werthern" an. Offensichtlich hatte diese aber irgendwann genug davon – Bundeskanzler hin oder her. Als der frisch gebackene britische Botschafter nach Bonn und zu Besuch bei der Parlamentarischen Gesellschaft war, hatte die Gräfin die Gelegenheit, die beiden Herren miteinander bekannt zu machen und stellte Adenauer als „Bundeskanzler Auer" vor. Als Adenauer die Gräfin später fragte, warum sie denn seinen Namen so seltsam ausgesprochen habe, lautete ihre Erklärung: „Ich habe ihn nicht komisch ausgesprochen, Herr Bundeskanzler, ich habe ihn nur abgekürzt, so wie Sie es mit meinem Namen auch immer machen." [5]

---

5) Vgl. Borghese, Alessandra und Thurn und Taxis, Gloria von: *Unsere Umgangsformen*, S. 32.

Und heute? Auch heute noch sehen sich viele Damen und Herren des Adels als Etikette-Experten. So beschäftigte sich Fürstin Gloria von Thurn und Taxis mit ihrer Freundin Prinzessin Alessandra Borghese mit der „Welt der guten Sitten von A bis Z" und veröffentlichte ein Buch mit dem Titel „Unsere Umgangsformen". Und auch die „Kaffee-Gräfin" Stefanie Bruges von Pfuel beantwortet Benimmfragen in der Zeitschrift *Meine Familie & ich*. Daraus wird ersichtlich: Benimm ist in.

Warum Ellbogen nicht ans Ziel führen

Mit Fug und Recht dürfen Sie sich fragen, warum Sie denn nun eigentlich ein umfangreiches Buch mit dem Titel „Business mit Stil" lesen sollen. Sie könnten in dieser Zeit ja auch etwas anderes machen. Zum Beispiel mit dem Hund rausgehen. Oder die Zeitung lesen. Oder endlich mal das Wohnzimmerregal abstauben. Oder den Rasen mähen. Allesamt wichtige Dinge, da wird sicher kein Mensch widersprechen. Wenn Sie mich fragen: Sie sollten dieses Buch nur lesen, wenn es Ihnen einen Vorteil bietet. Andernfalls greifen Sie besser auf die oben angeführten Vorschläge zurück. Das wäre dann sinnvoller. Folgerichtig sollten wir daher überlegen, worin Ihr Vorteil liegt, wenn Sie sich die Inhalte auf den folgenden Seiten aneignen. Oder anders gesagt: Warum ist Benimm in? Folgende Thesen treffen womöglich auch auf Sie zu:

– **Sie sind Erbe der 68er-Bewegung:** Als solcher haben Sie von Ihren Eltern oder Großeltern übernommen, dass Konventionen zu verachten sind und man am besten das genaue Gegenteil davon macht, was die Gesellschaft fordert und erwartet. Interessant nur, dass sich die meisten der damaligen Aktivisten der Protestbewegung heute selbst anstandslos den geltenden Umgangsformen unterwerfen. In Seminaren mache ich immer wieder die Erfahrung, dass junge Menschen sich sicherer fühlen würden, wenn ihnen bestimmte Umgangsformen bekannt wären. Jedoch haben sie diese Umgangsformen zu Hause nicht vermittelt bekommen, weil sie ihnen im Hinblick auf Liberalismus und Freigeistigkeit entweder bewusst nicht beigebracht wurden oder weil die Eltern entsprechende Regeln bei ihrer eigenen Erziehung selbst nicht kennen gelernt haben und somit auch nicht weitergeben konnten.

- **Soft Skills sind für Ihre Karriere wichtig:** Wenn Sie nicht zu den Menschen gehören, die in einem Schneckenhaus arbeiten und die nie mit anderen Menschen in beruflichem Kontext kommunizieren, dann sollten Sie unbedingt weiterlesen. In jedem Bewerbungs- und Karriereratgeber wird heutzutage darauf hingewiesen, dass die Schlüsselqualifikationen (Soft Skills) das Salz in der Suppe sind. Das soll heißen: Fachkompetenz ist wichtig und Grundvoraussetzung für beruflichen Erfolg. Wenn Sie Karriereambitionen hegen, verfügen Sie im Idealfall zusätzlich über eine gehörige Portion Schlüsselqualifikationen. Dazu gehört auch die Art und Weise wie Sie mit anderen Menschen umgehen und ob Sie sich „anständig benehmen" können – immer und überall. Diese Soft Skills sind immer dann von besonderer Bedeutung, wenn Sie Ihren Arbeitgeber vor Kunden repräsentieren. Zum Beispiel wenn Sie im Außendienst oder als Bank- oder Unternehmensberater tätig sind. Dann nämlich muss sich Ihr Brötchengeber sicher sein, dass Sie ihn würdig vor Dritten vertreten: Erst wenn Sie die Kunden durch soziale Kompetenz überzeugt haben, wird man sich mit Ihrem Fachwissen auseinandersetzen und Ihren Vorschlägen Gehör schenken. Kommen wir also wieder zum Schneckenhaus zurück: In einem solchen können Sie still und leise vor sich hinarbeiten und es stört garantiert niemanden, wenn Sie die Füße auf den Tisch legen oder eine rote Krawatte tragen. Sind Sie ein solcher Einsiedler, dann sollten Sie jetzt besser Ihre Zeit nutzen und den Rasen mähen. Oder das Regal abstauben. Allerdings: das staubige Regal stört ja eigentlich niemanden – außer vielleicht Sie selbst …

- **Sie fühlen sich manchmal unsicher:** Wenn Sie zum Beispiel zu einem wichtigen Kundentermin gehen, eine Präsentation halten, ein Vorstellungsgespräch haben, zu einer Hochzeit oder zum festlichen Geburtstag Ihres Vorgesetzten eingeladen sind, fühlen Sie sich manchmal nicht ganz sattelfest in puncto Umgangsformen. Dies trifft erfahrungsgemäß umso öfter bei Benimmregeln zu, die Sie nur selten anwenden müssen, zum Beispiel die Frage nach dem Dresscode auf der Hochzeit oder bei der Geburtstagsfeier des Chefs … Gerade dann kommt es aber entscheidend darauf an, dass Sie sich korrekt präsentieren und nicht unbewusst anecken. Schon oft habe ich erlebt, wie sich Gäste (von denen man es gar nicht erwartet hätte) unsicher in die Ecken eines Raums zurückziehen und den anderen Geladenen aus dem Weg gehen. Verständlich:

Wenn das Äußere nicht stimmt und man sich aufgrund des falschen Outfits fehl am Platze fühlt, fällt es umso schwerer, sich souverän im Smalltalk zu beweisen. Ich finde es jedoch sehr schade, wenn solche Nebensächlichkeiten Sie daran hindern, Ihr Potenzial zu entfalten und andere Menschen zu begeistern. Denn aus meiner Sicht sind Umgangsformen nichts anderes als der Rahmen, der es Ihnen ermöglicht, sich optimal zu präsentieren, und der sicherstellt, dass Ihnen andere Menschen aufgeschlossen begegnen. Es wäre doch wirklich jammerschade, wenn Umgangsformen zum Stolperstein in Ihrer Karriere werden würden.

– **Sie möchten Werte (vor-)leben:** Ein Leben ohne Spielregeln hat Verwahrlosung zur Folge. Ich bin der festen Überzeugung, dass es eine grundlegende Übereinkunft für das Zusammenleben braucht, damit eine Gesellschaft überhaupt funktionieren kann. Es fragt sich nur, auf welchem Niveau sich diese Basis befindet. Es erscheint heute manchmal so, als würden die Werte „von unten" bestimmt werden: Im Kaufhaus bedankt sich niemand, wenn Sie die Tür aufhalten? Das nächste Mal bedanken Sie sich im umgekehrten Fall womöglich auch nicht mehr oder lassen Ihrem Nachfolger die Tür vor der Nase zufallen. In einer Besprechung bietet Ihnen nie jemand Kaffee an? Nun denn, in Zukunft bedienen Sie sich auch nur noch selbst. Immer mehr Menschen können mit einem Brotteller beim Geschäftsessen nichts anfangen? Dann wird er in Zukunft eben nicht mehr gedeckt, um die daraus resultierenden Peinlichkeiten zu ersparen. Damit Sie mich richtig verstehen: Es ist normal und wichtig zugleich, dass sich eine solche Basis entwickelt. Ich halte es jedoch für bedenklich, wenn nicht die Bildungs- und Lebensart „von oben" maßgebend ist, sondern „von unten" bestimmt wird. Das, was wir gemeinhin als Chancengleichheit bezeichnen, hat zum Beispiel nicht dazu geführt, dass ein an Kultur weniger interessierter Mensch sich nach oben orientiert und seine Lebensgewohnheiten – wie es früher selbstverständlich war – nach oben anpasst. Das Gegenteil ist sogar der Fall: Der eigentlich mit einem höheren kulturellen Anspruch lebende Bürger der sogenannten Mittelschicht hat schon lange begonnen, sich nach unten zu orientieren, und damit auch sein Gefühl für Anstand und Kommunikation immer mehr verloren. Wer also ursprünglich gelernt hat, sozial verantwortlich und rücksichtsvoll zu leben, beginnt inzwischen, tendenziell nur seinen Vorteil zu suchen.

Wer einst zu feierlichen Anlässen in festlicher Kleidung erschien, der geht heute ohne Komplexe in Freizeitkleidung zu einem derartigen Event. Wer früher seine Mitarbeiter respektvoll behandelte, der greift immer öfter auf drastische Methoden der Mitarbeiterführung zurück, weil es eben so zeitgemäß erscheint.[6]

Kürzlich wurde ich gefragt, was man denn zu einer Hochzeitsfeier anziehen solle deren Dresscode „Abendgarderobe" verlangt. Wir kamen schnell zum Ergebnis, dass der Smoking und das lange Abendkleid die richtige Wahl sind. Letztendlich ging das Paar jedoch im Anzug und Hosenanzug zu dem Ereignis, weil ihnen der Kleiderwunsch übertrieben erschien und sie der Meinung waren, dass die anderen Gäste sicher auch ganz nach Lust und Laune erscheinen würden. Dem war tatsächlich so: Das Brautpaar wünschte eigentlich gar keine Abendgarderobe, sondern hatte sich aus Unwissenheit nur missverständlich ausgedrückt. Um es kurz zu machen: Das Chaos war perfekt. Es stellt sich nun die Frage: Hat das Paar alles richtig gemacht, indem sie in Abendgarderobe erschien? Ich meine nein ... Eine Hochzeit ist ein besonderer Anlass, zu dem man sich auch so kleidet. Und im Idealfall empfindet man das nicht als Belastung, sondern freut sich darüber, zu einer solchen Feier eingeladen zu sein.

Haben Sie sich in mindestens einem der genanten Punkte wiedererkannt? Dann wünsche ich viel Vergnügen und reichlich Aha-Effekte beim Weiterlesen ... Ansonsten schließe ich mit den Worten der Benimmpäpstin Erica Pappritz und den besten Wünschen:

> *„Ich kann nur darlegen, wie durch ein rücksichtsvolles und gutes Benehmen das Leben in der menschlichen Gesellschaft angenehmer und leichter verläuft. Jeder ist frei, Ratschläge, die auf langen Erfahrungen beruhen, anzunehmen.*
> *Wer sich an solche Lebensweisheiten nicht hält, für den muss gelten: Jeder blamiere sich, wie er kann."*

– Erica Pappritz (1894 – 1972), stellvertretende Protokollchefin im Auswärtigen Amt von 1948 bis 1958.

---

6) Vgl. Hermann, Ingo: *Knigge: Die Biografie*, S. 15f.

Wer bestimmt, was richtig oder falsch ist?

„Es gibt noch andre kleine gesellschaftliche Unschicklichkeiten und Inkonsequenten, die man vermeiden und wobei man immer überlegen muß, wie es wohl aussehn würde, wenn jeder von den Anwesenden sich dieselbe Freiheit erlauben wollte; zum Beispiel: während der Predigt schlafen; in Konzerten plaudern; hinter eines andern Rücken einem Freunde etwas zuzuflüstern ... früher wegzugehen oder länger zu verweilen als alle übrigen Mitglieder der Gesellschaft – vermeide dergleichen Ungeschicklichkeiten!"

– Adolph Freiherr Knigge

In Seminaren bekomme ich häufig die Frage gestellt, wer denn nun eigentlich diese Regeln aufstellt, nach denen wir uns benehmen soll(t)en. Das ist eine sehr gute Frage. Auch ich würde als Zuhörerin eines Vortrags lieber genau nachfragen, bevor sich herausstellt, dass ich in Zukunft womöglich nach den subjektiven Regeln einer einzigen Person, nämlich denen der Referentin, leben sollte. Da wäre es natürlich nur eine Frage der Zeit, bis man auf jemanden trifft, der die Benimmsache ganz anders sieht. Es muss also festgelegte Regeln geben, die für alle gelten. Nur dass diese bekanntermaßen nicht im Gesetz oder sonst irgendwo niedergeschrieben stehen. Das macht es so schwierig, sich danach zu richten. Selten findet man verlässliche Informationen auf einen Blick und weiß, was falsch und was richtig ist.

Dennoch finde ich diese Frage gar nicht so leicht zu beantworten, wenn einem im Vortrag ein Dutzend erwartungsfrohe Gesichter entgegenblicken und offensichtlich auf eine Antwort warten, die in Zement gegossen werden könnte. Und zunächst einmal muss ich die Zuhörer auch enttäuschen. Denn eine Art Benimmlexikon das Auskunft über aktuelle Umgangsformen gibt, existiert nämlich nicht. Stattdessen kann man sich in diversen Publikationen von „Business-Knigge für Männer", „Business-Etikette in Deutschland" oder bis hin zu „Klasse mit Knigge" informieren. Der Versandhandel amazon.de wirft derzeit bei der Suche nach dem Begriff „Knigge" oder „Umgangsformen" jeweils 48 Treffer (Bücher und Hörbücher) aus, die dem interessierten Leser zur Auswahl stehen. Würde man alle Werke nebeneinander legen und in Bezug auf ihre Aussagen vergleichen, so wären Unstimmigkeiten nicht unwahrscheinlich. Zwar herrscht weitgehend Übereinstimmung in Bezug auf die wesentlichen Statements. Es kann aber dennoch vorkommen, dass der eine Autor eine andere Meinung vertritt als der andere. Ideal ist das natürlich nicht. Aber auch kein Beinbruch.

Um die Deckungsgleichheit der Aussagen in der Literatur zu optimieren, wurde im Jahre 2005 der Deutsche Knigge-Rat gegründet. Zu seinen Gründungsmitgliedern gehört unter anderem Moritz Freiherr Knigge, ein Nachfahre von Adolph Freiherr Knigge. Seither diskutieren in diesem Rat 14 Experten im Rahmen einer jeweils zweijährigen Amtszeit, welche Umgangsformen aktuell sind, und sprechen Empfehlungen für das Miteinander aus. Da ich ebenfalls dem Deutschen Knigge-Rat angehöre, orientiere ich mich in diesem Buch an den Empfehlungen des Deutschen Knigge-Rats.

Nun stellt sich natürlich immer noch die Frage, auf welche Regeln wir zurückgreifen, wenn wir vom „richtigen" Miteinander sprechen. Denn natürlich hat nicht erst der Knigge-Rat entsprechende Gebote verfasst. Wenn wir über Benimmregeln sprechen, so fällt in diesem Zusammenhang das Stichwort des Hofzeremoniells. Um die Jahrhundertwende lebten die europäischen Höfe, der Adel und das Großbürgertum nach einem festen Reglement. Wer ihre Regeln nicht kannte und achtete, der wurde im Handumdrehen aus der feinen Gesellschaft ausgeschlossen. Noch heute gilt das spanische Hofzeremoniell übrigens als eines der strengsten der Welt. In Ländern mit Monarchien lebt die Herrscherfamilie auch heute noch vor, wie man sich bei bestimmten Anlässen zu verhalten hat, und nimmt so Vorbildfunktion ein.

Letztendlich sind unsere Umgangsformen das Ergebnis unserer Kultur, Geschichte, Werte und Traditionen. Und wer schon aufmerksam die vorangegangenen Seiten gelesen hat, der weiß, dass das gute Benehmen daher vor allem eine Frage der Moral ist ...

Kapitel 2

Business mit Stil: Moderne Umgangsformen im Geschäftsleben

„Erfolg besteht darin, dass man genau die Fähigkeiten hat, die im Moment gefragt sind."

– Henry Ford (1863-1947), amerikanischer Großindustrieller

Die Frage, ob Umgangsformen ein Karrierefaktor sind, ist eindeutig mit Ja zu beantworten. Immer mehr Unternehmen legen verstärkt Wert auf das untadelige Auftreten ihrer Mitarbeiter. Gute Umgangsformen fördern den Aufbau von effizienten Netzwerken, beeinflussen positiv das Betriebsklima und tragen zu einem guten Image bei. Das Ergebnis einer Studie der Personalberatungsagentur CGC bestätigt die positiven Auswirkungen des guten Benehmens auf die Karriere: Von 600 befragten deutschen Personalentscheidern und Führungskräften sahen 87 Prozent einen klaren Zusammenhang zwischen guten Umgangsformen und dem persönlichen Erfolg des Einzelnen. Die übrigen 13 Prozent der Befragten sahen immerhin teilweise einen Zusammenhang.[7]

Allerdings zeigt die Studie auch, dass zwischen Realität und Anspruch eine große Diskrepanz besteht. Allzu oft wird Arroganz mit Stärke und Selbstbewusstsein verwechselt. Gerade Führungskräfte erwarten zwar von ihren Mitarbeitern ein tadelloses Benehmen. Aber häufig geben sie selbst kein gutes Vorbild ab, gefährden dadurch ihr Ansehen, ihre Akzeptanz sowie das Betriebsklima und stoßen Mitarbeiter, Firmenkunden und Partner vor den Kopf. Ein Problem, das neben persönlichen Auswirkungen für den Einzelnen auch wirtschaftliche Konsequenzen für ein Unternehmen hat. Daher zählt gutes Benehmen immer öfter zu den Kernkompetenzen einer Führungskraft. Nur wer von seinen Kollegen und Mitarbeitern ernst genommen wird, ist in der Lage, ein Team zu leiten. Und nur derjenige, der die Benimmregeln beherrscht, kann diese nach außen überzeugend vertreten.

Doch weil nicht jede Führungskraft über entsprechendes Wissen verfügt, scheitern viele Geschäfte am Benehmen. Besonders auffällig ist das bei Auslandseinsätzen von Fach- und Führungskräften: So haben sich bereits 83 Prozent der deutschen Top-Manager auf einem Auslandstermin nachhaltig blamiert.[8]

Das Defizit der Manager ist jedoch weniger auf fehlende Einsicht als vielmehr auf mangelndes Können zurückzuführen. Daher wundert es nicht, dass sich ein klarer Trend abzeichnet: Neben Fachkompetenz und anderen sozialen Fähigkeiten ist das Benehmen zu einem zentralen Einstellungskriterium geworden. Das Fazit lautet daher: Gute Umgangsformen fördern die Karriere – oder bremsen sie aus.

---

7) Studie der Personalberatungsgesellschaft CGC 2006.
8) Umfrage unter 250 Führungskräften deutscher Unternehmen durch den Personalberater LAB in Kooperation mit der *Wirtschaftswoche*.

(K)eine zweite Chance für den ersten Eindruck?

Freund oder Feind? Sympathisch oder unsympathisch? Kompetent oder ahnungslos? Lernen Sie einen Geschäftspartner oder Kollegen neu kennen, so nehmen Sie sofort unbewusst eine persönliche Einschätzung vor. Und das gilt natürlich auch umgekehrt: Auch Ihr Gegenüber fragt sich intuitiv, wen es denn da vor sich hat. Bei dieser Beurteilung spielen fachliche Kompetenzen keine Rolle. Nichts anderes als das Auftreten entscheidet über Gelingen oder Misserfolg.

Fragt sich nur, wie viel Zeit Sie haben, um im ersten Eindruck mit Ihrem Auftreten zu überzeugen. Wie so oft ist sich die Wissenschaft in diesem Punkt nicht ganz einig. Manche meinen, dass es sieben Sekunden dauert bis „das Schicksal besiegelt" ist. Andere wiederum billigen uns nur den Bruchteil einer Sekunde, nämlich 0,3 Sekunden, zu. Gemeinhin nimmt man an, dass es drei Sekunden dauert, bis unser Gegenüber eine Einschätzung unserer Person vorgenommen hat. Welcher Meinung Sie sich auch immer anschließen: Viel Zeit ist das sicher nicht.

Umso wichtiger ist es zu wissen, welche Faktoren das Bild beeinflussen, das man sich von Ihnen macht. Was können Sie tun, um möglichst gut „rüberzukommen"? Um es simpel auf den Punkt zu bringen: Das Aussehen und das Auftreten machen die Musik. Die äußeren Merkmale entscheiden über Ab- oder Zuneigung. Seien wir ehrlich: Innerhalb von wenigen Sekunden ist es kaum möglich, etwas besonders Geistreiches über die Lippen zu bringen und durch Worte zu bezaubern. Also zählen sogenannte nonverbale Signale umso stärker. Der erste Eindruck entsteht ...

- ... zu 55 Prozent aus nonverbalen Signalen wie Körpersprache, Duft, Kleidung und Distanzverhalten,
- ... zu 38 Prozent aus der Stimme (Tonfall, Lautstärke, Tonlage) und
- ... zu 7 Prozent aus dem gesprochenen Wort (Wortwahl und Dialekt).

Ob uns diese Tatsache gefällt oder nicht: Jeder hat schon einmal eine Begegnung der besonderen Art gehabt und sich von der Macht des ersten Eindrucks überzeugen können: Sei es, dass Sie ein Bankgespräch hatten und einen konservativen erfahrenen Berater in Anzug und Krawatte erwartet haben. Stattdessen saß bei Ihnen am Besprechungstisch ein junger

Banker mit Stachelfrisur und Lederarmbändchen am Handgelenk. Womöglich konnte der junge Mann Sie im Gesprächsverlauf von seinen Fachkompetenzen überzeugen – auf den ersten Blick gelang ihm das wegen der ausgesendeten nonverbalen Signale aber sicher nicht.

Anhand dieses Beispiels beantwortet sich nebenbei die Frage, ob es für den ersten Eindruck eine zweite Chance gibt. Denn natürlich kann es sein, dass wir durch einen unglücklichen Auftritt einen fatal falschen Eindruck entstehen lassen:

Stellen Sie sich vor, Sie sind auf dem Weg zu einem Termin bei einem Unternehmen, einem neuen Kunden. Sie sind knapp in der Zeit und haben es entsprechend eilig. Auf den Straßen herrscht reger Verkehr, der Ihre Geduld aufs Äußerste strapaziert. Endlich am Ziel angekommen biegen Sie auf den firmeneigenen Hof ein und sehen noch einen einzigen freien Parkplatz in der Nähe des Eingangs. Rasch geben Sie Gas, weil sich Ihnen ein anderer Wagen nähert, der es ebenfalls auf diesen Stellplatz abgesehen zu haben scheint. Gekonnt biegen Sie in die Parklücke ein und ignorieren das Schild mit der Aufschrift „Geschäftsleitung". Das können Sie ja immer noch am Empfang klären. Schließlich ist es nicht Ihre Schuld, wenn nicht genügend Besucherparkplätze verfügbar sind – oder? Zu Ihrem Unglück sitzen Sie ein paar Minuten später mit einem Gesprächspartner der Geschäftsleitung zusammen, der sich als der rechtmäßige Parkplatzinhaber herausstellt, den Sie so bravourös ausgebremst haben. Ich wäre sehr gespannt, wie Sie aus dieser Situation noch das Beste machen würden.

Man sieht sich immer zweimal im Leben ...

Dieses Beispiel zeigt dass ein unglücklicher Moment alles andere überstrahlen kann. Der perfekt sitzende Anzug, die frisch gewaschenen Haare, das gewinnende Lächeln – all das tritt in den Hintergrund, wenn die erste Aufmerksamkeit einem solchen Lapsus geschenkt wird. Psychologen sprechen hierbei vom Haloeffekt (positive oder negative Beeinflussung bei der Beurteilung einer Person durch den ersten Gesamteindruck). Selbstverständlich existiert dieser Wahrnehmungseffekt auch in umgekehrter Form nach dem Motto: Wir fahren den gleichen Wagen. Wir wohnen in derselben Straße. Wir arbeiten im selben Unternehmen. Wir tragen beide einen dunkelblauen Anzug. Ergo: Wir sind grundsätzlich positiv zueinander eingestellt. Gemeinsamkeiten machen sympathisch. Auch beim ersten Eindruck.

Nun aber zurück zur Kernfrage, ob es für einen falschen ersten Eindruck eine zweite Chance gibt: Ja! Allerdings brauchen Sie hierfür Geduld, denn das Revidieren eines ersten Eindrucks funktioniert keineswegs im Handumdrehen. Mit 0,3 Sekunden, drei oder sieben Sekunden kommen Sie da garantiert nicht weit. Und vielleicht haben Sie auch nie mehr die Gelegenheit, sich in einem besseren Licht zu präsentieren. Denn Sie müssen mindestens 30 Minuten in der Gesellschaft Ihres Gesprächspartners verbringen, um ihn „vom Gegenteil" zu überzeugen. Es kann sein, dass der Geschäftsführer aus obigem Beispiel Sie schon vorher verabschiedet und Sie somit gar nicht mehr die Möglichkeit haben, Ihren Eindruck zu optimieren.

Ich bin, wie ich bin. Oder?

Manch einer meiner Seminarteilnehmer gibt zu bedenken, dass man ihn doch bitte so nehmen solle, wie er ist. „Wem nicht gefällt, wie ich auftrete, der hat eben Pech gehabt und mich nicht verdient", lautet der entsprechende O-Ton. Doch nachdem zig Kundengespräche später immer noch niemand die betreffende Person verdient hat, beginnt erfahrungsgemäß sogar der letzte Mohikaner, an seinem Auftreten zu feilen. Ich frage mich in diesen Momenten immer wieder, warum man sich die Sache unnötig erschwert und sich nicht schon früher in die Erwartungen seines Gegenübers hineinversetzt, um dann beim ersten Eindruck gleich richtig zu punkten. Aber offensichtlich beweist hier das Sprichwort „(Erst) aus Erfahrung wird man klug" seine Berechtigung.

Natürlich gibt es auch ein Leben nach dem ersten Eindruck und selbstverständlich ist es wichtig, was Sie im Verlauf des Gesprächs zu sagen haben. Die besten Karten halten Sie jedoch in der Hand, wenn Sie sich von vornherein optimal präsentieren!

In Schubladen denken ist menschlich

Nachdem sich Ihr Gesprächspartner aufgrund von nonverbalen Signalen einen ersten Eindruck von Ihnen verschafft hat, sortiert er Sie in eine seiner Schubladen ein. Dabei greift er auf Erfahrungswerte, Erinnerungen, Assoziationen und auch Vorurteile zurück. Zum Beispiel:

- Der neue Kollege sieht genau aus wie mein netter Zimmergenosse bei der Bundeswehr (Erinnerung und Assoziation).

- Wer sich nicht für Mode interessiert, ist altmodisch. Wer altmodisch ist, passt nicht in unser Team (Vorurteil).

- Wenn sich jemand schon beim Bewerbungsgespräch so wenig Mühe mit der Kleidung macht, dann trifft das im Business-Alltag erst recht zu (Erfahrungswert).

Natürlich zieht niemand in den ersten Augenblicken des Kennenlernens bewusst solche Rückschlüsse. Unterbewusst läuft jedoch immer wieder dieses Programm ab. Auch wenn Sie niemals wissen, welche speziellen Schubladen Ihr Gegenüber nutzt, so können Sie sich doch von Ihrer besten Seite zeigen, um in der „guten Abteilung" zu landen.

Ist ein Kennenlernen schon länger geplant, so machen Sie sich am besten vor dem ersten Treffen bewusst, was Ihr Gesprächspartner von Ihnen erwartet: Sprechen Sie als Bewerber für eine Stelle im Außendienst vor, so erwartet man von Ihnen tadellose Kleidung. Sind Sie dagegen in privater Mission unterwegs und treffen Ihre Schwiegereltern in spe das allererste Mal, so berücksichtigen Sie Folgendes: Aus Erzählungen haben Sie schon eine Menge über die Eltern Ihrer Freundin erfahren. Sind diese eher konservativ oder modern? Welchen Beruf üben die beiden aus? Worauf legen sie besonderen Wert? In welcher Umgebung findet das Treffen statt? Orientieren Sie sich an dem, was Ihrem Gegenüber wichtig ist, haben Sie gute Chancen, einen sehr guten ersten Eindruck zu hinterlassen. Gemeinsamkeiten machen, wie bereits erwähnt, einfach sympathisch.

Nonverbale Signale hinterlassen Eindruck

„Kleide Dich nicht unter und nicht über Deinen Stand; nicht über und nicht unter Dein Vermögen; nicht phantastisch, nicht bunt; nicht ohne Not prächtig; glänzend noch kostbar; aber reinlich, geschmackvoll und, wo Du Aufwand machen musst, da sei Dein Aufwand zugleich echt und schön."

– Adolph Freiherr Knigge

Nonverbale Signale hinterlassen Eindruck, das wusste schon Freiherr Knigge ganz genau. Den meisten Menschen ist klar, dass zu den nonverbalen Signalen die Gestik, die Mimik beziehungsweise die Körpersprache zählen. Meist dauert es dann ein paar Sekunden, bis endlich das Stichwort „Kleidung" zur Sprache kommt. Aber tatsächlich: Die Garderobe spielt, neben der Körpersprache, eine nicht zu unterschätzende Rolle – nicht nur beim ersten Eindruck.

Kleider machen Leute und Karrieren

Welches Outfit „das richtige" ist, entscheidet der Anlass, für den man sich anzieht, die Rolle, die man in der jeweiligen Situation einnimmt, und was für ein Typ man ist: Je nachdem, wo Sie auf der Skala zwischen den Extremen konservativ-autoritär und kreativ-leger stehen, können Sie mit der Wahl der Kleidung diese Position untermauern und sagen dadurch einiges über sich selbst aus. Eine Dame trägt kein Weiß bei einer Hochzeitsfeier, es sei denn, sie ist die Braut. Ein Herr trägt keinen edlen Dreiteiler wenn der Dresscode „casual" vorgibt.

Overdressed zu sein ist übrigens keineswegs besser als underdressed. Overdressed hat allerhöchstens den Vorteil, dass Sie ein Kleidungsstück ablegen und sich dadurch dem angemessenen Outfit annähern können. Umgekehrt wird das schwierig: Kaum jemand zaubert im Handumdrehen noch eine Krawatte oder ein Sakko aus dem Ärmel. Es sei denn, Sie handhaben es wie Patricia Riekel, die Chefredakteurin des Modemagazins *In-Style*: Sie schrieb einmal im Editorial des Magazins dass ihr Auto einem Kleiderschrank gleicht. Denn man weiß ja nie, was einen erwartet. Darum sei sie immer auf alles vorbereitet: Vom kleinen Schwarzen bis hin zu den Gummistiefeln kann sie auf alles in ihrem fahrbaren Untersatz zurückgreifen. Allerdings sei aus diesem Grund kein Platz für einen Mitfahrer – aber einen Preis muss man schließlich zahlen!

Korrekte Kleidung, ein seriöses Auftreten und ein gepflegtes Erscheinungsbild sind im Business immer und überall gefragt. Vor allem in Berufen mit direktem Kundenkontakt steht ein konservativer Kleidungsstil auf der Tagesordnung. Ein entsprechendes Outfit ist Sinnbild für die seriöse Arbeit der Mitarbeiter und des Unternehmens. Umgekehrt gilt das leider auch: Ein nachlässiges Erscheinungsbild lässt den Rückschluss zu, dass man so manches im Unternehmen nachlässig handhabt ...

Jede Branche, jedes Unternehmen und jede Abteilung hat einen eigenen (oft ungeschriebenen) Dresscode. In einer Agentur für neue Medien herrscht ein anderer Kleidungsstil als in der klassischen Unternehmensberatung. So gesehen hat jede Branche und jedes Unternehmen eine charakteristische Kleiderordnung, die dem Image und der Corporate Identity entspricht und an der Sie sich orientieren sollten.

Während ein dunkler eleganter Anzug in einer Unternehmensberatung zum Standard zählt, ist der seriöse Look in einer Agentur für neue Medien nicht gerade Usus. Anbei Beispiele für typische Dresscodes:

- **Bankwesen:** Die Kleidung spiegelt Zuverlässigkeit, Beständigkeit, Loyalität wider. *Er*: Dunkler Anzug, Langarmhemd, Krawatte. Kombinationen sind je nach Anlass und Position denkbar (Stoffhose und unifarbenes Sakko). Kaum modische Akzente. Dunkles, klassisches Schuhwerk. *Sie*: Dunkler Hosenanzug oder dunkles Kostüm. Blusen oder Oberteil mit Ärmelansatz und dezentem Ausschnitt. Feinstrümpfe sind ein Muss. Röcke sind mindestens knielang. Dunkle, geschlossene Schuhe, kein Pfennigabsatz.

- **Unternehmensberatung:** Die Kleidung zeugt von Seriosität und Zurückhaltung. *Er*: Dunkler Anzug beziehungsweise Dreiteiler, Krawatte, Langarmhemd. Dunkles und klassisches Schuhwerk. *Sie*: Dunkler Hosenanzug oder Kostüm. Blusen oder anderes Oberteil mit Ärmelansatz und zurückhaltendem Ausschnitt. Röcke sind mindestens knielang, Feinstrümpfe Pflicht, dunkle geschlossene Schuhe, kein Pfennigabsatz.

- **Architekturbüro oder Internetagentur.** Die Kleidung vermittelt Ideen-
  reichtum, Wagemut und Zuverlässigkeit. *Er*: Hemd und Stoffhose oder
  Jeans. *Sie*: Hose beziehungsweise Jeans, Rock, Twinset oder Bluse, modisch akzentuiert. Schuhe, die an den Zehen geschlossen sind.

- **Eventagentur:** Die Kleidung drückt Kreativität, Innovation und Zeit-
  geist aus. *Er*: Modischer und trendbewusster Anzug oder Kombination,
  Langarmhemd, Jeans, Poloshirt *Sie*: Ebenfalls modisch, Röcke jedoch
  nicht kürzer als eine Handbreit über dem Knie endend. An den Zehen
  geschlossene Schuhe. Weniger Haut signalisiert mehr Kompetenz.

- **Dienstleistungssektor:** Arbeitskleidung in Form von Uniformen ist beispielsweise im Dienstleistungssektor oder im Gesundheitswesen zu finden. Berufsbekleidung wird, um nur einige Beispiele zu nennen, im
  Krankenhaus, in Restaurantketten, bei Fluggesellschaften oder in Mo-
  nolabel-Shops des Einzelhandels getragen.

Wenn der erste Eindruck nicht passt, tun Sie sich schwer, andere Menschen von sich zu überzeugen. Wohlgemerkt bedeutet das keineswegs,
dass Sie es niemals schaffen könnten. Aber Sie machen es sich eben (unnötig) schwer.

Die Macht der Farben

Für den perfekten Business-Auftritt gilt: Je höher die Position innerhalb einer Hierarchie, umso dunkler ist die Farbe der Kleidung. Denn mit den
Farben, die Sie tragen, beeinflussen Sie nicht nur die Psyche, sondern
auch Ihr Gegenüber. Daher sollten Sie die Wahl Ihrer Kleidungsfarbe nicht
dem Zufall überlassen, sondern den Gegebenheiten bewusst anpassen.
Grundsätzlich gilt: Wichtige geschäftliche Termine sollten Sie am besten
in dunklen und gedeckten Business-Farben wahrnehmen weil Sie darin
besonders seriös und loyal wirken.

- **Rot** fällt auf. Wer Autorität wahren und nicht provozieren will, trägt
  diese Farbe nur als Beiwerk. Für Damen geeignet als Oberteil (Farbtupfer) unter einem dunklen Blazer. Für Herren als Krawattenfarbe denkbar. Rot wirkt selbstbewusst, optimistisch, bestimmt und aufregend. Je
  nach Farbnuance kann Rot aber auch aggressiv, herrschsüchtig und

provozierend sein. Rot mahnt zur Vorsicht: beispielsweise das Stoppschild und die rote Ampel im Straßenverkehr. In Unternehmensbera-
tungen wird von den Mitarbeitern hin und wieder erwartet, auf Rot zu
verzichten, um beim Kunden keine unangenehmen Assoziationen zu
wecken.

– **Rosa** ist eine feminine Farbe und lockert den klassischen Business-
Look auf. Rosa wirkt auf der einen Seite sanft, frisch, zugänglich und un-
beschwert. Auf der anderen Seite ist Rosa eine typische Farbe für Kinder. Daher gilt dieser Farbton auch als wenig selbstbewusst und
verletzlich. Achten Sie darauf, Rosa nicht im Übermaß zu tragen, sondern ausschließlich in Kombination – beispielsweise als Hemd oder
Bluse zum dunklen Anzug.

– **Blau** vermittelt Kompetenz und Vertrauenswürdigkeit. Ein marine-
blauer Anzug drückt Autorität aus und lässt seinen Träger seriös, loyal,
vertrauenswürdig, versiert, unaufdringlich und diplomatisch erscheinen. Dunkles Blau ist die ideale Bekleidungsfarbe für alle Branchen, in
denen es um Vertrauen geht. Nicht von ungefähr ist die Berufskleidung
von Piloten, Flugbegleitern, Marinesoldaten, Bankern, Handwerkern
und neuerdings sogar von der Polizei dunkelblau. All diese Berufsgruppen haben gemein, dass wir ihnen besonderes Vertrauen entgegenbrin-
gen: Sei es, weil wir uns bedenkenlos in das von ihnen gesteuerte Flugzeug setzen oder ihnen unsere Finanzen anvertrauen. Auch wenn Sie
kein Pilot sind, ist Dunkelblau die ideale Farbe für einen guten ersten
Auftritt und Eindruck. Holen Sie den dunkelblauen Anzug insbesondere dann aus dem Schrank, wenn ein wichtiger Termin ansteht oder
ein schwieriges Gespräch zu führen ist. In diesen Fällen ist souveränes
und glaubhaftes Auftreten von besonderer Bedeutung. Ausnahmen bestätigen die Regel: Da insbesondere Dunkelblau einen konservativen
Touch hat, ist diese Farbe in kreativen Branchen selten anzutreffen.

– **Grau** gilt als traditionelle Business-Farbe. Mit einem grauen Anzug wirken Sie seriös, ausgewogen, geradlinig, unaufdringlich, neutral und machen garantiert nichts falsch. Damit dieser Business-Dress Sie nicht zur
grauen Maus werden lässt, setzen Sie am besten Akzente mit aussage-
kräftigeren Farben wie Rosa, Rot oder Hellblau. Das wirkt frisch und lebendig.

- **Schwarz** ist genaugenommen gar keine Farbe und schafft manchmal ungewollt Distanz. Denn je höher die berufliche Hierarchie, umso dunkler ist die Farbe der Kleidung. Und dunkler als Schwarz geht bekanntermaßen nicht. Darüber hinaus kennen wir Schwarz als eine Farbe der Trauer: So war es in früheren Zeiten üblich, längere Zeit nach einem Todesfall noch Schwarz zu tragen, um die eigene Trauer um den Verlust eines nahestehenden Menschen nach außen zu demonstrieren. Man bat dadurch um Rücksichtnahme und Distanz. Doch nicht nur bei traurigen Anlässen ist Schwarz typisch. Auch bei festlichen Ereignissen ist Schwarz eine beliebte „Farbe": Auf Hochzeiten tragen der Bräutigam und die männlichen Hochzeitsgäste Schwarz, bei Opernpremieren oder Galaveranstaltungen verbreitet das kleine Schwarze Eleganz. Die Farbe Schwarz gilt als feierlich, stark, würdevoll, distanziert, aber auch als auflehnend und rebellisch. Kleiden Sie sich im Business schwarz, sind frische Akzente durch lebendige Farbkombinationen empfehlenswert – sonst wirkt Ihr Outfit zu düster womöglich sogar destruktiv.

- **Braun** – eine Business-Farbe? An dieser Frage scheiden sich die Geister. Ursprünglich galt Braun als Freizeitfarbe (man kannte sie vorwiegend von Cordhosen und Tweedjacketts) und daher als wenig businesstauglich. Doch die Mode hat dem Dunkelbraun den Weg bis in die Vorstandsetagen geebnet. Heutzutage findet sich dunkles Braun als Business-Farbe fast überall und man sagt ihm eine gesellige, kommunikative und freundliche Wirkung nach. Dennoch ist Dunkelbraun keine gute Wahl für offizielle Termine und wichtige Gespräche, weil ihre Wirkung tendenziell harmlos und schwerfällig ist. Am Abend gilt übrigens die Devise: No brown after six! Das bedeutet, dass Sie keine dunkelbraunen Schuhe und keine dunkelbraune Kleidung zu Abendveranstaltungen anziehen sollten.

- **Weiß** ist ebenfalls keine Farbe, jedoch ein klassischer Kombinationspartner von Anzügen und Kostümen. Weiß wirkt rein, klar, seriös, frisch und sogar ein bisschen futuristisch. Ein komplett weißer Anzug oder ein durchgehend weißes Kostüm ist jedoch nicht mal an Hochsommertagen im Büro empfehlenswert – von Kopf bis Fuß in Weiß kleiden sich nur bestimmte Berufsgruppen wie Ärzte oder Krankenschwestern. Achten Sie bei Weiß immer auf blickdichte Stoffe und farbige Akzente: Edel wirkt insbesondere die Kombination mit dunklem Beige.

33

- **Beige** ist der elegante Klassiker unter den Business-Farben. Beige wirkt souverän, smart, edel und ist Sommer wie Winter tragbar. Bei Abendveranstaltungen sollten Sie allerdings dunklere Kleidung bevorzugen, da diese eleganter wirkt. Beachten Sie auch die Devise: Je höher die Position, umso dunkler die Kleidung. Ab einer bestimmten Hierarchiestufe kommen nur noch dunkle, gedeckte Farbtöne infrage.

- **Lila/Violett** signalisiert Selbstsicherheit und auch Würde (vgl. kirchliche Würdenträger) und wird in der Liturgie zum Beispiel während der Fastenzeit getragen. Auch gilt Violett als die Farbe der Emanzipation. Im Business eher selten anzutreffen.

- **Orange** ist eine Farbe, die für Vitalität, Lebensfreude und Selbstvertrauen steht. Keinesfalls geeignet für Businesshemden, Blusen oder gar Anzüge. Allenfalls als Farbtupfer, zum Beispiel auf einer Krawatte, denkbar.

- **Gelb** ist fröhlich, hoffnungsfroh, offen und eine positive Farbe. Im Business allerdings nur als Farbakzent denkbar, mehr nicht.

- **Grün** gilt als harmonische, erdverbundene Farbe und signalisiert Ausgeglichenheit. Im Business kommt Grün allerdings nur als Farbtupfer und keinesfalls als Anzug-, Kostüm-, Hemd- oder Blusenfarbe infrage.

Mehr Wirkung durch typgerechte Kleidung

Manchmal fühlen wir uns in einem Kleidungsstück wohl und manchmal wie ein begossener Pudel. Es schlummern erfahrungsgemäß Stücke in jedem Kleiderschrank, die schon lange nicht mehr das Tageslicht gesehen haben. Dann gibt es wiederum andere Teile, von denen man sich kaum trennen kann, wenn diese mal in die Reinigung müssen. Meist haben wir eine besondere Zuneigung zu den Kleidungsstücken, in denen wir einfach gut aussehen: Weil die Farbe perfekt zu unserem Teint passt, die Passform geschickt kleine Unzulänglichkeiten kaschiert und der Stil die Persönlichkeit ideal betont.

Die ungeliebten Kleidungsstücke dagegen zeichnen sich dadurch aus, dass sie nur schwer mit dem Rest der Garderobe kombinierbar sind, die Passform den Blick unvorteilhaft lenkt, die Farbe schwierig ist oder schlicht und ergreifend Accessoires fehlen, die den Look optimal ergänzen würden.

Diese sogenannten Fehlkäufe lassen sich vermeiden, wenn Sie beim Einkaufen auf die folgenden Punkte achten:

- Ein neuer Anzug oder ein neues Kostüm sind nur die halbe Miete. Sie benötigen auch Accessoires zum Kombinieren wie einen passenden Gürtel beziehungsweise Hemden, Blusen oder eine entsprechende Krawatte. Entweder Sie besitzen diese schon oder Sie kaufen dieses Beiwerk gleich dazu.

- Es ist besser, ein Komplett-Outfit zu erwerben, als in Eigenregie Einzelteile zusammenzustellen. Es ist einfach schwierig sich vorzustellen, ob ein Stück aus dem Kleiderschrank zu dem gerade anprobierten passen könnte. Möchten Sie ein Kleidungsstück ergänzen so nehmen Sie dieses zum Einkauf mit.

- Erzählen Sie dem Verkäufer im Kleidungsgeschäft, welchem Beruf Sie ausüben, damit er dies bei der Beratung berücksichtigen kann. Glauben Sie jedoch niemals der Aussage eines Verkäufers, wenn er sagt: „Doch, doch, das kann man jetzt auch gut im Business tragen." Es könnte gut das Gegenteil der Fall sein.

- Qualität schlägt Schnäppchen. Spätestens nach der ersten Reinigung oder einer langen Autofahrt sieht man Ihrem neu erworbenen Stück an, ob es qualitativ hochwertig ist.

- Wählen Sie Stoffe, die nicht knittern. Machen Sie beim Einkaufen den Knittertest und knüllen Sie den Blazerärmel in der Hand zusammen. Wenn der Verkäufer erschreckt aufschreit oder zahlreiche Knitterfalten im Stoff zurückbleiben, nehmen Sie besser Abstand und wählen eine strapazierfähigere Alternative.

- Achten Sie bei der Wahl Ihrer Kleidung auf die Proportionen: Hell tritt hervor, dunkel zurück. Deshalb sollten Sie vorhandene Problemzonen immer mit dunkler und matter Kleidung „kleiden". Helle und glänzende Stoffe weiten die Silhouette optisch und wirken flächiger.

- Ein gleichmäßiger Farbverlauf „vom Scheitel bis zur Sohle" streckt die Figur optisch und macht schlank. Entgegen allen Annahmen gibt es keine Muster, die optisch dicker oder schlanker machen: Mit Längsstreifen kann man nichts vertuschen und mit breiten Streifen nichts verschlimmern.

- Je weiter und voluminöser die Kleidung umso kleiner wirkt die Person.

- Bei der Qual der Wahl, ob einfarbig oder gemustert, ist die Entscheidung für das einfarbige Kleidungsstück meist die bessere.

Außerdem ist es hilfreich wenn Sie die vier Grundtypen der Farb- und Stillehre kennen, aus denen Sie Ihren persönlichen Typ ableiten können. Tragen Sie Kleidung und Farben, die zu Ihrem Typ passen, so erzielen Sie damit umso mehr Wirkung.

- **Der natürliche Typ:** Tragekomfort, lässige Formen, natürliche Farben und der funktionelle Charakter der Kleidung entsprechen dem natürlichen Typ. Stoffe aus Schurwolle oder Wollflanell und Kombinationen aus Baumwolle und Rohseide werden besonders gern getragen. Neben unifarbener Kleidung wirken Muster wie Karo, breite Streifen, Pepita oder Glencheck besonders typgerecht. *Für die Dame gilt:* Das Make-up fällt entsprechend natürlich aus und besteht aus getönter Tagescreme, Wimperntusche und einem dezenten Lippenstift. Auch die Frisur fällt unkompliziert aus: Pferdeschwanz, Kurzhaarschnitt oder einfache Hochsteckfrisur.

- **Der klassische Typ:** Noblesse oblige, aber mit dem nötigen Understatement. Exakte Passform, erlesene Stoffqualität und oft auch Maßgeschneidertes sind „typisch". Die schlichte, elegante Basisgarderobe wird durch neutrale Farben betont: Es dominieren Blau, Weiß, Grau und Schwarz. Dezente Naturtöne wie Beige, Kamel und Sand wirken elegant. Apricot, Rosenholz und Royalblau setzen belebende Akzente. Bei der Stoffauswahl greift dieser Typ gern auf Kammgarn und Wollseide zurück. Bei der Auswahl der Muster bevorzugt man Nadelstreifen, Hahnentritt, Paisley oder Vichy. *Für die Dame gilt:* Beim Make-up wird Understatement großgeschrieben – dezent und unaufdringlich, so lautet die Devise. Grundierung, Puder, Lippenstift und Wimperntusche gehören jedoch zum Standard. Bei der Frisur darf es beispielsweise ein kinnlanger Bop sein. Sowohl Hosenanzüge als auch Kostüme stehen den klassischen Frauen sehr gut.

– **Der dramatische Typ:** Dieser Typ fällt gern auf, zum Beispiel durch unübersehbare Kontraste, kräftige Farben, auffallende Muster, körperbetonte Schnitte und Trends. Bevorzugt werden die Farben Schwarz und Rot getragen. Bei der Stoffauswahl wird gern auf Kammgarn, Schurwolle oder Seide zurückgegriffen. Individualität wird auch bei den Accessoires deutlich: Eine auffallende Brille, ein Ring mit unvergleichlichem Design, außergewöhnliche Knöpfe und extravagante Frisuren und Haarfarben sind „typisch". Vorsicht: Im Business ist weniger oft mehr! *Für die Dame gilt:* Das Make-up fällt durch dunkel geschminkte Augen, farbintensiven Lippenstift bei einem ansonsten hellen Teint auf. Bei der Frisur trägt frau gern asymmetrische Schnitte oder langes Haar in extravaganten Farben.

– **Der romantische Typ:** Nüchternes und Hartes passen zu diesem Typ nicht. Daher dominieren beim Outfit feine gewebte Stoffe, Flanell oder Kammgarn. Typgerecht sind helle, zarte, pastellige Farben wie Rosa, auch denkbar in Kombination zu einem dunklen Anzug. Der Romantiker mag gern verspielte Accessoires und Antikes, sollte damit aber im Business sparsam umgehen. *Für die Dame gilt:* Beim Make-up werden weiche Töne angeschlagen und starke Kontraste gemieden. Die Frisur ist natürlich, gepflegt und oft durch Hochsteckfrisuren gebändigt. Kostüme oder Kleider stehen diesem femininen und zarten Typ besonders gut. Dabei sollte frau jedoch auf florale Muster oder opulente Schleifen verzichten.

Kleidungsstücke: Must-Haves und No-Gos für Damen und Herren

„Der Stil ist der Mode überlegen. Er lässt sich von der Mode anregen und greift ihre Ideen auf, ohne sie ganz zu übernehmen. Niemand mit Stilbewusstsein würde seine Art, sich zu kleiden, nur um der Mode willen radikal ändern. Was Stil von Mode unterscheidet, ist die Qualität."

– Giorgio Armani (* 1934), italienischer Modeschöpfer

Bestimmte Klassiker werden in der Business-Garderobe wahrscheinlich niemals aus der Mode kommen. In den folgenden Zeilen finden Sie zunächst – ganz nach dem Motto „Ladies first" – Tipps für die Dame und last but not least Empfehlungen für den Business-Herrn ...

Business-Garderobe für die Dame

Blazer: Der klassische Damenblazer ist ein zeitloses Einzelstück und gehört in jeden Kleiderschrank: entweder ein- oder zweireihig, in Kombination mit einer hellen Bluse, einem dunklen Rock oder gerade geschnittener Hose. Die ideale Jackettlänge orientiert sich an Ihrer Statur. Je größer Sie sind, umso länger darf Ihr Blazer geschnitten sein. Als Faustregel gilt:

- Kleine Frauen: Der Blazer endet an der Taille oder knapp über dem Gesäß.

- Mittelgroße Frauen: Der Blazer kann vom Hüftknochen bis eine Handbreit unter dem Gesäß reichen.

- Große Frauen: Die Mindestlänge für den Blazer ist der Hüftknochen. Die Maximallänge geht bis zum halben Oberschenkel.

Der Blazerärmel endet an der Daumenwurzel. Achten Sie darauf, die Armlänge im Stehen und mit locker hängenden Armen auszutesten. Sind die Ärmel zu lang, sieht es so aus, als würden Sie in Ihre Garderobe noch hineinwachsen müssen. Sind die Ärmel zu kurz, mutet das tendenziell unbeholfen an. In der goldenen Mitte liegt also, wie so oft, die Wahrheit.

Oft ist Damen nicht bewusst dass im Stehen oder Laufen beziehungsweise immer dann, wenn sie nicht sitzen, der Blazer geschlossen werden muss. Entgegen einer weit verbreiteten Annahme gilt diese Regelung nicht nur für die Herrn. Der Gleichberechtigung sei Dank ... Am elegantesten schließen Sie den Blazer mit der linken Hand damit die rechte Hand als Begrüßungshand frei bleibt:

- Blazer mit zwei Knöpfen: Wahlweise wird der obere oder der untere Knopf geschlossen.

- Blazer mit drei Knöpfen: Entweder Sie schließen nur den mittleren Knopf (traditionelle Variante) oder die beiden oberen Knöpfe (moderne Variante).

- Blazer mit vier Knöpfen: Schließen Sie die drei oberen Knöpfe oder die beiden mittleren.

- Blazer mit fünf Knöpfen: Schließen Sie alle Knöpfe bis auf den untersten.

Seit der französische Modeschöpfer Claude Montana in den 80er-Jahren die Damencouture mit überdimensionalen Schulterpolstern revolutionierte, stellen sich viele Frauen die Frage, wie denn heute die perfekte Schulterpartie auszusehen hat. Ab und an sieht man noch Relikte aus dieser Zeit, daher sei ausdrücklich gesagt: Heute werden Schulterpolster zwar noch verwendet – sind jedoch bereits in die Kleidungsstücke eingenäht. Auf zusätzliche Schulterpolster sollten Sie verzichten; meist wirkt frau damit sehr maskulin.

Kostüm: Diese Kombination von Jacke und Rock aus dem gleichen Stoff ist die „Lady-Uniform" und wirkt klassischer als ein Hosenanzug. Daher wird das Kostüm von Frauen in konservativen Unternehmen dem sportlich-eleganten Beinkleid vorgezogen. Keineswegs ist das Kostüm jedoch ein Muss. Der Hosenanzug wird als angemessenes Outfit auch in den obersten Etagen der Geschäftswelt akzeptiert.

Hose: Heutzutage sind Damenhosen (insbesondere als Hosenanzug) in jedem Unternehmen, und sei es noch so konservativ, akzeptiert. In der Business-Mode begannen sich Hosen jedoch erst Mitte der 60er-Jahre durchzusetzen. Insbesondere der von Yves Saint Laurent kreierte Damen-Smoking machte den Hosenanzug für Frauen salonfähig. Jil Sander entwarf Mitte der 80er-Jahre den neuen Business-Look für die berufstätige Frau: einen Hosenanzug der stark auf die Körperproportionen zugeschnitten ist, in Kombination mit einem schlichten Trenchcoat und dem weißen Oberhemd. Ein schlichter, eleganter und edler Stil, der sich durch klare, strenge Linien und feinste Materialien auszeichnet. Understatement ist hier die Maxime. Edeljeans kombiniert mit hochwertigen Blazern und Blusen werden mittlerweile in viele Branchen und Unternehmen als businesslike anerkannt. Entscheiden Sie sich im Job für klassische Modelle,

Passformen, Farben sowie Waschungen und verzichten Sie auf Modisches wie den Used-Look, Löcher, Applikationen, auffallende Nähte oder einen ausgefransten Saum. Modische Trends wie 7/8-Hosen sind (leider) ebenso wenig als Geschäftsgarderobe geeignet wie Hüfthosen, Bermudas, Caprihosen oder Leggins. Dies gilt auch, wenn Letztere mit Kleidern kombiniert werden. Die weit geschnittenen Marlenehosen und Hosenröcke verkürzen die Beine. Wenn Sie die Beine strecken möchten, sollten Sie Hosen mit geraden Schnitten und Bügelfalte bevorzugen. Auch Farbverläufe Ton in Ton bei Hose/Strumpf und Schuh verlängern (zumindest optisch) die Beine.

Rock: Röcke sollten im Geschäftsleben nicht zu eng und/oder zu kurz ausfallen. Erlaubt sind kürzestenfalls Röcke, die stehend eine Handbreite über dem Knie enden. In konservativen Branchen schreibt der unternehmenseigene Dresscode nicht selten vor, dass ein Rock mindestens knielang sein soll. Im Zweifelsfall also lieber etwas länger als zu kurz. Aber Vorsicht, tun Sie nicht zu viel des Guten: Richtig lange Röcke, die bis zum Fußknöchel reichen, sehen nur an großen und sehr schlanken Frauen gut aus.

Kleid: Etuikleider sind eine gelungene Alternative zum klassischen Kostüm oder zum Hosenanzug. Achten Sie auch hier auf die angemessene Rocklänge. Außerdem müssen die Schultern bedeckt sein und das Kleid einen Ärmelansatz aufweisen. Das bedeutet: Zu ärmellosen Kleidern muss ein passendes Jackett kombiniert werden!

Oberteile müssen die Schultern bedecken und einen Ärmelansatz aufweisen. Nur dann können Sie getrost den Blazer ablegen, wenn Ihnen das vom Chef oder dem Kunden angeboten wird. Noch ein paar Worte zum Ausschnitt: Privat ist erlaubt, was gefällt. Im Business reicht der Ausschnitt nicht weiter als eine Handbreit über dem Brustansatz. Dass bauchfrei keine gelungene Wahl ist, versteht sich von allein. Bitte achten Sie auch unbedingt darauf, dass Sie nicht unfreiwillig Haut zeigen, wenn Sie sich zum Beispiel einmal bücken oder strecken müssen. Es ist immer wieder erstaunlich, wie viel frau von sich verrät, wenn sie durch ungeschickte Bewegungen die interessantesten Tätowierungen oder Piercings zur Schau stellt. Denken Sie daran: Je weniger Haut Sie zeigen, desto mehr Autorität strahlen Sie aus. Gegebenenfalls lenken Tücher von allzu offenherzigen Dekolletés ab. Unterwäsche bleibt unsichtbar und zeichnet sich weder farblich noch stofflich unter dem gewählten Oberteil ab.

Strickwaren sind sehr bequem und businesstauglich. Bitte beachten Sie, dass wir hierbei nicht von grobem Strick sprechen, sondern von feinem Gewebe. So sind feine Twinsets eine elegante Alternative zur klassischen Bluse-Blazer-Kombination. Bei repräsentativen und formellen Anlässen ersetzten sie diese allerdings nicht.

Blusen zählen zu den unentbehrlichen Basics der formellen Business-Garderobe. Ob mit Knopfmanschette, Stehkragen, einer dem Herrenhemd entlehnten Kragenform, ob Seide oder Baumwolle – mit einer Bluse sind Sie stets gut gekleidet und besser angezogen als mit jedem anderen Oberteil.

Wenn die Bluse mit einem geraden horizontalen Schnitt endet, kann sie auch außerhalb der Hose oder des Rockes getragen werden. Endet die Bluse dagegen halbrund, so wird sie in den Hosen- beziehungsweise Rockbund gesteckt.

Stoff und Schnitt sollten sich nach der Figur und dem Anlass richten. Achten Sie darauf, dass das gute Stück weder zu eng anliegt noch durchscheinend ist: Spannen die Knöpfe im Sitzen, so ist das ein sicheres Zeichen dafür, dass es eine Nummer größer sein darf. Die Schulternaht der Bluse endet am Schultergelenk – die Naht sitzt also direkt am Übergang zum Oberarm. Befindet sich die Naht dagegen schon auf dem Oberarm, so ist die Bluse zu weit beziehungsweise im umgekehrten Fall zu eng.

Während bei den Herren der Hemdsärmel strikt zwei Zentimeter unter dem Sakkoärmel hervorlugen muss, ist diese Regelung bei den Damen nicht so streng. Allerdings: Mehr als zwei Zentimeter sollten es nicht sein. Weniger geht dagegen schon. Das leuchtet schon deshalb ein, weil es ja nicht immer ein Langarmoberteil sein muss ...

Der Kragen einer Bluse darf über den Blazer gelegt werden, sofern das Rever des Blazers nicht einen vollkommen anderen Schnitt hat (was fast nie der Fall ist). Dies ist insbesondere zu empfehlen, wenn sich die Bluse immer wieder unter dem Blazer verstecken möchte beziehungsweise der Blusenkragen nicht stehen bleibt. Das kommt bei dünnen Stoffen wie beispielsweise Seide häufig vor und sieht in der Folge leider ein bisschen unordentlich aus. Dann also besser den Blusenkragen über das Rever legen und einen „geordneten" Eindruck hinterlassen.

Strümpfe: Schon vorab bitte ich um Entschuldigung für diese Hiobsbotschaft: Ein absolutes Sommer- wie Winter-Muss zum korrekten Business-Outfit ist der Feinstrumpf. Dabei ist eine Stärke von 14 bis 20 den ideal. Tragen Sie am besten hautfarbene oder dunkle Feinstrümpfe, die farblich auf die übrige Garderobe abgestimmt sind. Die Beine wirken übrigens optisch länger, wenn die Strümpfe Ton in Ton mit dem Schuhwerk einhergehen. Ein Ersatzpaar in Reichweite zu wissen, beruhigt und verhindert unerklärlicherweise Laufmaschen am getragenen Modell.

Mantel: Im Winter eignen sich Einreiher aus erlesenen Stoffen (Kamelhaar, Kammgarnstoffe, Kaschmir oder Loden) besonders gut. Stimmen Sie die Mantellänge unbedingt auf Ihre Körpergröße ab. Je größer Sie sind, umso länger darf der Mantel sein. Je wärmer die Jahreszeit, umso leichter der Stoff. Nicht vergessen: Der Mantel sollte auch zum restlichen Outfit passen. Ein legerer Trenchcoat zum femininen Kostüm ist ebenso unpassend wie ein Pelzmantel zum maskulinen Hosenanzug mit Nadelstreifen.

Schuhe: Ein perfektes Outfit steht und fällt mit den Schuhen. Der Satz „Oben hui, unten pfui" bekommt da eine ganz neue Bedeutung. Wer mag, kann hohe Absätzen tragen, vorausgesetzt, frau läuft darin gekonnt und sicher. Ein mittelhoher Absatz ist im Berufsleben erfahrungsgemäß die beste Wahl – flaches Schuhwerk aber ebenso akzeptiert. Vorsicht: Flache Schuhe laden zum gemütlichen Schlendern ein. Achten Sie also insbesondere in Schuhwerk ohne Absatz auf Ihren Gang. Generell gilt: Die Schuhe müssen vorn geschlossen, dürfen aber an der Ferse offen sein. Flip-Flops, Sandalen und Sandaletten haben daher im Business nichts zu suchen. Selbstverständlich sind Schuhe abgestaubt und geputzt. Achten Sie peinlich darauf, abgelaufene Absätze zu erneuern. Außerdem ist es ratsam, keine hellen Schuhe zum dunklen Outfit zu tragen, auch wenn das im Modeland Italien eine äußerst beliebte Kombination ist. „Abwärts" wird es dunkler oder bleibt zumindest gleich dunkel. Das bedeutet: Zum dunkelbraunen Kostüm/Hosenanzug dunkelbraune Schuhe tragen (aber keine schwarzen Schuhe!). Zum dunkelblauen Kostüm/Anzug dunkelblaue oder schwarze Schuhe. Zum beigefarbenen Outfit gleichfarbig beige oder dunkelbraune Schuhe.

Im Hochsommer gilt der gleiche Business-Dresscode wie sonst auch. Sicher, das Outfit ist branchenspezifisch, aber wer sich nachlässig gekleidet aufs Business-Parkett begibt, kommt – unabhängig von Funktion und Branche – leicht ins Schwitzen. Bauchfreie Oberteile, Spaghettiträger-Tops, Neckholder-Oberteile, schulterfreie Shirts gehören daher eindeutig in den privaten Bereich. Durchsichtige Kleidung, zu enge und sichtbare Unterwäsche und ein zu tiefes Dekolleté sind unangebracht. Eine Sonnenbrille lässig ins Haar gesteckt passt zur Freizeit gut – nicht jedoch zum Job.

Business-Make-up & Co.

Eine insgesamt gepflegte Erscheinung ist im Berufsleben besonders wichtig. Manikürte Hände, gepflegtes Haar und ein dezentes Tages-Make-up gehören neben der täglichen Körperpflege regelmäßig dazu.

Hände sind Ihre persönliche Visitenkarte. Neben dem Gesicht sind sie am häufigsten den Blicken anderer ausgesetzt. Ob im Geschäftsleben oder privat: Gepflegte Hände machen Eindruck. Die Nägel sollten nicht zu lang und sorgfältig maniküt sein. Vermeiden Sie das Lackieren der Nägel in schrillen Tönen: Wissenschaftliche Untersuchungen haben ergeben, dass sich Bewerberinnen mit rot lackierten Fingernägeln wesentlich mehr Fragen zu ihrer fachlichen Kompetenz gefallen lassen mussten.

Make-up: Ein dezent geschminktes Gesicht wirkt nicht nur frischer, es verleiht auch Ausstrahlung und Attraktivität. Ein leichtes Tages-Make-up, bestehend aus Grundierung oder getönter Tagescreme, Puder, Wimperntusche und Lippenstift, ist somit empfehlenswert. Jedes Make-up ist jedoch nur so gut wie die Materialien und Werkzeuge, die Sie verwenden. Unerlässlich sind professionelle Utensilien:

- Schwämmchen für die Grundierung
- Großer Puderpinsel
- Applikatoren für Lidschatten
- Rougepinsel
- Wimpernbürstchen
- Anspitzer für Kajal- und Konturenstifte

Die **Grundierung** wirkt wie ein Weichzeichner. Sie kaschiert Rötungen und Unregelmäßigkeiten und verleiht dem Teint ein frisches Aussehen. Je nach Hauttyp verwenden Sie eine leichte oder gut deckende Grundierung, die Sie mit einem Make-up-Schwämmchen in die Haut einarbeiten. Als

Basis eignet sich eine leichte Tagescreme, da sich die Grundierung ansonsten nicht gleichmäßig auftragen lässt. Nach dem Eincremen warten Sie circa fünf Minuten, bis die Pflege in die Haut eingezogen ist, und tragen danach die Foundation auf. Mattieren Sie den Teint anschließend mit transparentem, losem Puder. Damit der Teint den ganzen Tag über nicht glänzt, eignen sich spezielle Papiertüchlein, die wie Löschpapier auf die Haut gelegt werden und überschüssigen Glanz aufnehmen. Augenschatten, Pigmentflecken oder Hautunreinheiten decken Sie mit Abdeckcreme (Concealer) ab, die mindestens einen Ton heller als die Grundierung sein sollte. Das ist wichtig, sonst reduziert sich die aufhellende Wirkung. Rötungen neben den Nasenflügeln verschwinden unter zartgrünen Concealern. Damit die Übergänge weich ausfallen, klopfen Sie die Abdeckfarbe sanft mit dem bereits für die Grundierung benutzten Schwämmchen ein.

Augenbrauen öffnen den Blick, sofern sie einen schönen Schwung haben. Die optimale Form haben die Brauen, wenn sie zu zwei Dritteln ansteigen und zu einem Drittel absteigen. Der höchste Punkt sollte knapp neben der Iris sitzen. Wenige Brauen entsprechen diesem Schönheitsideal von Natur aus und werden durch Zupfen in Form gebracht. Bei hellen oder lückenhaften Augenbrauen zeichnen Sie dezent mit Puder oder Stift nach.

Augen: Krasse Farbspiele auf den Lidern sind für ein dezentes Tages-Make-up nicht geeignet. Je nach Augenform und Größe wählen Sie Lidschatten in natürlich wirkenden Tönen aus. Puderlidschatten hält besonders lange und setzt sich nicht so schnell auf den Lidern ab. Tragen Sie den Lidschatten mit einem Applikator auf dem beweglichen Lid auf. Wer mag, kann einen hellen Highlighter-Puderlidschatten unter die Brauen geben. So wirken die Augen größer und strahlender. Wenn Sie mehrere Farbtöne verwenden, sollten Sie darauf achten, dass Sie keine harten Farbübergänge haben. Nur so wirkt das Make-up natürlich. Kajal unter dem unteren Wimpernrand betont zusätzlich. Grau- oder Braunnuancen wirken besonders natürlich. Schwarz lässt die Augen dagegen kleiner wirken. Wimpern dezent tuschen und mit einem Bürstchen bearbeiten, damit keine unschönen „Spinnenbeinchen" durch das Zusammenkleben der Wimpern entstehen. Dünne Wimpern erhalten deutlich mehr Volumen, wenn vor dem Tuschen ein Pflegegel aufgetragen wird. Benutzen Sie am besten schwarzbraune oder dunkelgraue Wimperntusche (Mascara). Wer im Umgang mit flüssigem Eyeliner geübt ist, kann zusätzlich einen dünnen Lidstrich am Wimpernrand des Oberlids auftragen, wobei die Betonung auf „dünn" liegt und daher nicht mit einem Lidstrich nach Amy Winehouse zu verwechseln ist.

Die **Lippen** werden mit einem Konturstift und Lippenstift betont. Ziehen Sie die Lippenkontur mit einem etwas dunkleren Stift nach und tragen Sie hellen Lippenstift bei schmalen Lippen auf. Dunkle Farben machen volle Lippen schmaler. Ein Gloss gibt zusätzlich belebende Effekte und lässt die Lippen voller erscheinen. Lippenstift klebt nicht am Glas wenn Sie die Lippen vorher mit einem Papiertaschentuch leicht abtupfen. Bei ebenmäßigen Lippen reicht Lipgloss völlig aus. Verwenden Sie grundsätzlich nur dezente, natürlich wirkende Farben.

Rouge modelliert ein Gesicht und zaubert mit rosigen Tönen Frische auf den Teint. Wer sonnengebräunt wirken will, verwendet Bronzepuder. Puderrouge hält sich besser als Cremerouge. Ein breiter, relativ flacher Pinsel ist ideal zum Auftragen. Lächeln Sie in den Spiegel und setzten Sie den Pinsel auf dem höchsten Punkt der Wange an. Rougieren Sie übers Jochbein seitlich nach oben. Das Rouge gut verwischen, damit keine unschöne Balkenpptik entsteht.

Die **Haare** können auch im Business offen getragen werden. Achten Sie darauf, dass gefärbtes Haar regelmäßig nachbehandelt wird, damit kein unschöner Haaransatz sichtbar ist. Allerdings sollte Ihre Frisur so praktisch sein, dass Sie sich nicht ständig mit den Händen durch die Haare fahren müssen oder sich öfter als zwei Mal am Tag neu frisieren beziehungsweise nachstylen müssen.

Beauty-Etikette: Erlaubt ist in der Öffentlichkeit ...

- Lipgloss aufzufrischen,
- kurz nachzupudern (Kompaktpuder aus der Dose, nicht den Pinsel schwingen!).

Nicht erlaubt ist ...

- lüssige Foundation oder zeitaufwendiges Lippen-Make-up (Konturstift, Lippenstift) aufzutragen,

- Haare zu bürsten,
- sich zu parfümieren,
- Rouge aufzutragen etc.

Parfüm: Sicher kennen Sie den Ausspruch „Jemanden (nicht) riechen können". Auch unsere Nase entscheidet über Sympathie oder Antipathie. Bei den Damendüften unterscheidet man die Duftnoten „blumig", „orientalisch" oder „chypre". Orientalische Noten stellen eine Assoziation zu den sagenumwobenen, fruchtigen Düften des Orients her. Eichenmoos und Zitrusfrische bilden das klassische Chypre-Konzept. Der Begriff „chypre" geht auf den Parfümeur Francois Coty zurück, der seine Kreation aus Duftmaterialien schuf, die vorwiegend aus Mittelmeerländern stammten. So benannte er seine Duftkreationen nach der Insel Zypern. Die meisten Düfte gehören jedoch zur großen Gruppe der blumigen Akkorde. Rose und Jasmin dominieren, aber auch Ylang Ylang, Narzisse, Tuberose und Nelke prägen den blumigen Charakter. Doch Vorsicht, nicht jede Duftkomposition eignet sich für das Büro. Wählen Sie einen aktiven oder eleganten „Business-Duft", der zu Ihrem Typ passt und weder zu süß noch zu blumig ist:

- Natürlicher Typ: Ihr Business-Duft sollte frisch, dynamisch und leicht sein.

- Klassischer Typ: Ihr Business-Duft ist elegant, kultiviert und zeitlos.

- Dramatischer und romantischer Typ: Ihr Business-Duft darf sowohl frisch, leicht oder dynamisch als auch zeitlos, kultiviert oder elegant ausfallen.

Wegen der Duftintensität eignen sich Eau de Toilette oder Eau de Parfum besser als reines Parfüm. Benutzen Sie abends einen intensiveren Duft als am Tag beziehungsweise im Sommer einen leichteren Duft als im Winter und mischen Sie nicht mehrere Düfte miteinander. Dies gilt auch für den Gebrauch von Körperpflegeprodukten. Entweder Sie benutzen alles aus der gleichen Duftserie oder Sie verwenden duftneutrale Deos, Duschgels und Körperlotionen zusammen mit Ihrem Parfum. Da der richtige Duft etwas ganz Individuelles ist, nehmen Sie sich bei der Auswahl Zeit und bitten bei Bedarf Fachpersonal in der Parfümerie um Rat. Testen Sie den Duft immer unmittelbar auf der Haut und vor allem nicht mehr als fünf Düfte an einem Tag.

Accessoires für Business-Damen

Aktentasche: Klassische Exemplare aus Glattleder in den Farben Schwarz, Braun oder Marine sehen immer gut und professionell aus. Falls Sie eine Aktentasche mit sich führen, tragen Sie bewusst keine Handtasche. Zu viele Taschen am Arm vermitteln dem Gegenüber den Eindruck der Unbeholfenheit. Make-up-Utensilien, Handy und Geldbörse passen auch in eine Aktentasche.

Schmuckstücke setzen Akzente und werten auf. Stimmen Sie Ohrringe, Uhr und Ketten auf das übrige Outfit ab. Es gilt die Devise: Weniger ist mehr. Reichlich Modeschmuck mag in den Magazinen angesagt sein, im Geschäftsleben sind die schmückenden Beiwerke dezent und echt. Ohrschmuck und Armreifen dürfen weder geräuschvoll auffallen noch bei der Arbeit behindern (Computerschreiben, Telefonieren etc.).

Tücher: Auch wenn es kein Seiden-Carrée aus dem Haus Hermès ist: Tücher setzen Akzente! Beachten Sie, dass Farbe und Muster zum Stiltyp passen und mit Ihrem Outfit harmonieren. Schön und modisch sind Pashminaschals, die vielfältig einsetzbar sind.

Brille: Viele Karriere-Psychologen halten die Brille für das wichtigste nonverbale Kommunikationsaccessoire ... Falls Sie eine Brille tragen, achten Sie darauf, dass die Sehhilfe zu Ihrem Typ passt. Wenn Sie ein rundes Gesicht haben, sollte die Brille eckig sein, bei kantigen Gesichtern eher abgerundet ausfallen. Die Farbe des Gestells passt zu Ihrem Hautton. Das optimale Brillengestell ist nicht breiter als das Gesicht und bildet mit den Augenbrauen darüber eine Linie. Getönte Gläser wirken allzu schnell düster – vermeiden Sie deshalb gelb oder braun getönte Gläser, soweit es die Lichtempfindlichkeit Ihrer Augen zulässt.

So, nun darf die Business-Dame erst einmal den Kleiderschrank durchstöbern oder gegebenenfalls (oder sollte ich sagen gezwungenermaßen?) zum Shopping gehen, um die geschäftliche Garderobe aufzustocken und zu ergänzen. Der Geduld der männlichen Leser sei Dank – nachfolgend nun die gesammelten Empfehlungen für die seriöse Herren-Garderobe.

Business-Garderobe für den Herrn

Proportionen: Bei der Wahl der Stofffarbe sollten Sie beachten, dass helle und glänzende Stoffe die Silhouette optisch weiten und flächiger wirken. Ein fließender Farbverlauf vom Schulteransatz bis zur Sohle streckt die Statur und wirkt vorteilhaft: Ein dunkler Anzug macht daher schlanker als eine Kombination aus dunklem Sakko und heller Hose. Neigen Sie zu einer fülligeren Figur, dann achten Sie außerdem darauf, nicht zusätzliches Volumen durch entsprechende Stoffweite zu schaffen. Außerdem gilt als Faustregel: Wenn Sie bei Kleidungsstücken vor der Wahl stehen, „gemustert oder einfarbig?", entscheiden Sie sich besser für einfarbig. Das wirkt dezenter, seriöser und man sieht sich selbst nicht so schnell daran satt.

Anzug: Sakko und Hose sind aus dem gleichen Stoff gemacht. Handelt es sich um einen Dreiteiler, gehört die passende Weste ebenfalls zur Grundausstattung. Das Sakko kann entweder ein Ein- oder ein Zweireiher sein. Das traditionelle Anzuggewebe ist Wolle, zum Beispiel Lambswool, Kaschmir oder Kamelhaar. Luftdurchlässiger ist Baumwolle, die jedoch leider schnell knittert und daher nur bedingt als Sommeranzug alltagstauglich ist. Gleiches gilt für Leinen.

Plädoyer für Maßgeschneidertes: Herrenanzüge und -hemden sind weniger stark der Mode unterworfen als das bei der Damenbekleidung der Fall ist. Wenn Sie markenbewusst sind und Ihre Anzüge für gewöhnlich im gehobenen Textileinzelhandel erstehen, so sollten Sie unbedingt als Alternative den Gang zu einem Schneider in Erwägung ziehen. Maßgeschneidertes ist weniger hochpreisig, als man gemeinhin annimmt, und erst recht nicht teurer als der Einkauf bei einem exquisiten Herrenausstatter. Letzten Endes „macht nämlich der Stoff die Musik": Die Preisunterschiede bei Maßgeschneidertem ergeben sich in erster Linie aus dem gewählten Material und nicht aus der Maßarbeit. Bei einem Maßanzug können Sie jedes Detail von Knopf und Schnitt bis hin zum Monogramm selbst bestimmen, sind stets perfekt entsprechend Ihrem (Figur-)Typ gekleidet und dürfen sich dank exzellenter Verarbeitung und Qualität an Ihrer langlebigen Kleidung freuen.

Sakko: Sind Sakko und Hose jeweils aus einem anderen Stoff gefertigt, spricht man von einer Kombination. Sie bietet eine legere Alternative zum

Anzug, zum Beispiel wenn der Dresscode „Smart Casual" lautet. Bei wichtigen Terminen oder in konservativen Branchen ist jedoch immer noch der klassische Anzug „Ton in Ton" Standard.

Noch ein paar Worte zur Passform: Der Ärmelsaum muss den Knochen des Handgelenks komplett bedecken, wobei die Hemdenmanschette einen Zentimeter oder daumenbreit unter dem Sakkoärmel hervorlugt. Das Sakko sollte sich über der Brust leicht schließen lassen. Zur Kontrolle beugen Sie sich nach vorn und drehen sich seitlich oder verschränken die Arme. Wenn nichts einengt, ist der Brustumfang optimal bemessen. Schiebt sich jedoch unter dem Sakkokragen quer eine Falte empor, so passt der Sakkoschnitt nicht zur Schulterhöhe. Vor einigen Jahren ging man noch davon aus, dass die Jackettlänge die Körpergröße optisch so halbieren sollte, dass zwei gleich lange Strecken entstehen, die ein visuelles Gleichgewicht ergeben. Heute geben die Konfektionäre selbst vor, wie lang das Sakko sein soll. Italienische Sakkos sind meist kürzer, englische etwas länger geschnitten. Als Faustregel gilt: Das ideale Jackett bedeckt das Gesäß ganz. Im Stehen oder Laufen beziehungsweise immer dann wenn Sie nicht sitzen, wird das Sakko geschlossen:

- Sakko mit zwei Knöpfen: Wahlweise wird der obere oder der untere Knopf geschlossen.

- Sakko mit drei Knöpfen: Entweder Sie schließen nur den mittleren Knopf (traditionelle Variante) oder die beiden oberen Knöpfe (moderne Variante).

- Sakko mit vier Knöpfen: Schließen Sie die drei oberen Knöpfe oder die beiden mittleren.

- Sakko mit fünf Knöpfen: Schließen Sie alle Knöpfe bis auf den untersten.

- Zweireiher: Werden ausschließlich geschlossen getragen.

Westen werden grundsätzlich nur zum einreihigen Jackett kombiniert, da der Zweireiher immer geschlossen getragen wird und somit die Weste gar nicht sichtbar wäre. Eine Weste ersetzt das Sakko aber nicht, sondern ist nur als zusätzliches Kleidungsstück gedacht. Wie beim Sakko wird der unterste Knopf der Weste stets offen gelassen. Von der Länge her bedeckt die passgenaue Weste den Hosenbund. Die Weste macht einen Anzug zum sogenannten Dreiteiler, der als sehr förmliches Kleidungsstück gilt. Eine Weste entbindet Sie von der Verpflichtung, stets das Sakko zu schließen, im Stehen oder Laufen kann es dank der Weste offen getragen werden. Bei sehr offiziellen Anlässen allerdings muss das Sakko trotz einer Weste geschlossen werden.

Hose: Seit den 90er-Jahren hat sich der klassische Hosenschnitt bedeutend geändert. Der Hosenbund sitzt eher locker auf der Taille und die Hosenbeine sind schmal geschnitten. Beides streckt die Figur und lässt die Beine schlanker aussehen. Bedenken Sie: Hosen mit Aufschlag stehen nur großen, schlanken Männern. Meine Empfehlung: Tun Sie so, als seien Hosentaschen nicht existent. Geldbeutel, Schlüsselbund oder Handy gehören nicht in die Hosen-, sondern allenfalls in die Sakkoinnentasche. Das Aufbewahren solcher Gegenstände in den Hosentaschen führt nur dazu dass diese ausbeulen; selbst dann, wenn gerade einmal nichts in den Taschen verstaut ist, sieht man noch die entsprechenden Druckstellen. Begutachten Sie den Fall der Hose im Stehen. Die Bügelfalten der Hosenbeine verlaufen im Idealfall parallel und genau über der Mitte des Knies. Lassen Sie aus dem Stand Ihr Bein nach vorn schwingen, gehen Sie ein paar Schritte und testen Sie die Hose auch im Sitzen. Der Saum darf rundherum nie gleich lang sein. Idealerweise fällt er im Stehen nach hinten einen Zentimeter ab bis zum oberen Rand des Absatzes. Vorn liegt die Hose so auf dem Schuh auf, dass sie die Schnürung bedeckt und eine leichte Falte bildet. Die Strümpfe dürfen hierbei nicht zu sehen sein. Falls Sie – wie die meisten Menschen – unterschiedliche Beinlängen haben, lassen Sie vom Schneider die Hosenbeinlänge an jedes Bein separat anpassen. Erst dadurch sitzt die Anzughose perfekt. Übrigens: Kurze Hosen sind im Business tabu!

Strümpfe: Während im Stehen kein bisschen Strumpf zu sehen ist, ist das im Sitzen zwangsläufig der Fall. Und da entblößen sich die erstaunlichsten Dinge! Zwar hat sich herumgesprochen, dass weiße Tennissocken absolut nicht erste Wahl sind. Aber insbesondere im Winter erblickt man häufig schwarze Sportsocken als praktische Fußwärmer zum Business-Outfit. Das passt jedoch genauso wenig wie die weiße Variante. Entscheidend ist, dass es sich um Herrensocken in feiner Qualität handelt. Und natürlich bitte nicht in Weiß! Als Faustregel gilt, dass es „abwärts" dunkler wird oder zumindest gleichfarbig bleibt. Daraus folgt: schwarze Socken zum schwarzen Anzug und schwarzen Schuhen. Dunkelblaue (beziehungsweise schwarze) Socken zum dunkelblauen Anzug und dunkelblauen (beziehungsweise schwarzen) Schuhen. Braune Socken zum beigefarbenen oder braunen Anzug und braunen Schuhen. Als schlimmer Fauxpas gilt, wenn im Sitzen nacktes Bein zu sehen ist. Jetzt mag man einwenden, das komme doch ganz auf das Bein darauf an, aber nein: Strümpfe (und natürlich Hose) müssen immer so lang sein, dass keine Haut hervorblitzt!

Hemd: Modegeschichtlich hat das Hemd eine lange Tradition. Bis ins 18. Jahrhundert hinein wurde es unter der Oberbekleidung getragen. Einzig der Kragen blieb zur Auflockerung der strengen Jackettkragen sichtbar. Insofern zählte das Hemd – wie das T-Shirt – ursprünglich zur Unterwäsche und kann seine Herkunft bis heute nicht vollständig leugnen. Ein hemdsärmeliger Auftritt ist daher nicht businesslike und bei formellen Anlässen unaufgefordert das Sakko abzulegen stellt keine gute Idee dar. Falls in einem hitzigen Meeting die Jacketts doch einmal ausgezogen werden, achten Sie auf einige Details, die bei einem qualitativ hochwertigen Hemd nicht fehlen dürfen:

- Kragenstäbchen: Sie verhindern, dass sich der Kragen nach innen rollt. Kragenstäbchen können fest eingenäht oder herausnehmbar sein. Letztere unbedingt beim Waschen entfernen, da ansonsten das Hemd Schaden nehmen könnte.

- Einlagen: Kragen und Manschetten sind durch Einlagen aus Leinen verstärkt. Die ideale Krageneinlage ist so fest, um den Kragen zu stärken, aber gerade so weich, um den Tragekomfort nicht zu beeinträchtigen.

- Perlmuttknöpfe: Perlmutt ist sehr hart, schimmert sehr schön und klebt beim Bügeln nicht am Eisen fest.

- Knöpfe am Ärmelschlitz: Ein kleiner Knopf jeweils am Ärmelschlitz gilt als Qualitätssiegel.

- Haltbare Naht: 6 bis 8 Stiche pro Zentimeter Naht sind gut, 12 Stiche bürgen für absolute Spitzenqualität.

- Musterverlauf: Der korrekte Musterverlauf gehört zum Einmaleins der Schneiderkunst.

- Passform: Die Länge stimmt, wenn sich Vorder- und Rückenteil des Hemdes im Schritt zusammenfassen lassen. Die Schulternaht endet am Schultergelenk; endet die Naht am Oberarm, ist das Hemd zu weit; endet die Schulternaht auf der Schulter, ist das Hemd zu eng.

- Ärmellänge: Wie bereits erwähnt endet der Sakkoärmel an der Daumenwurzel. Der Ärmel des Hemds lugt circa zwei Zentimeter oder zwei Fingerbreit unter dem Sakkoärmel hervor. Daher ist ein Kurzarmhemd zum Anzug/Sakko auch nicht businesslike, weil die Manschetten zwangsläufig nicht sichtbar sind.

- Der Kragen eines Hemds ragt am Nacken einen Zentimeter oder einen Fingerbreit über den Sakkokragen hinaus.

Oft werde ich in meinen Seminaren gefragt, welche Kragenform businesslike ist. Denn tatsächlich existieren eine Vielzahl von Kragenarten. Grundsätzlich sind nicht alle Varianten businesstauglich. Gegebenenfalls muss der Krawattenknoten entsprechend angepasst werden, damit er die Lücke zwischen den Kragenspitzen optimal ausfüllt. Gut tut Mann also daran, sich das Binden von verschiedenen Knoten beizubringen.

- Haifischkragen: Modisch extravagant und für Träger mit breiter oder runder Gesichtsform weniger schmeichelhaft. Die Spitzen stehen weit auseinander, weshalb ein doppelter Krawattenknoten ideal Platz hat. Diese Kragenform passt besonders gut zu klassischen Anzügen, Kombinationen und zum Casual Look.

- Kentkragen: Die Spitzen liegen dichter zusammen als beim Haifischkragen, da der Kragen insgesamt sehr breit ist. Ein idealer Kragen zu Anzügen und Kombinationen, der zu jeder Gesichtsform passt. Wegen Platzmangel kommt nur ein einfacher Krawattenknoten oder ein „Four-in-Hand" infrage.

- Polo- oder Button-down-Kragen: Der Ursprung dieser Kragenform liegt im britischen Polosport, weshalb dieses Hemd auch Freizeitcharakter hat und daher nicht businesstauglich ist. Daraus folgt, dass dieses Hemd niemals mit einer Krawatte getragen wird.

– Tab-Kragen: Bei dieser Form werden die Kragenenden mit einem zu knöpfenden (und für Mitmenschen unsichtbaren) Riegel verbunden. Dadurch legen sie sich fest auf die Hemdbrust und eng um den Knoten, der unbedingt ein „Four-in-Hand" sein sollte. Diese Kragenform passt sehr gut zu dunklen dreiteiligen Anzügen. Eine Krawatte ist hier Pflicht, da ansonsten der „Riegel" sichtbar wird.

Krawatte: Die Ursprünge der Krawatte sind nicht eindeutig belegt. Eine Halsbinde (lat. „focale") trugen die römischen Legionäre nördlich der Alpen als Kälteschutz. Kostümgeschichtlich hat der Langbinder von heute nichts an Faszination eingebüßt und bestimmt auch Anfang des 21. Jahrhunderts den männlichen und auch den weiblichen Dresscode. Hochwertige Krawatten sind aus Seide oder Wolle gefertigt:

– Die Krawatte sollte sich nicht verdrehen, wenn man sie an ihrem schmalen Ende hält, und die ursprüngliche Form wieder einnehmen, wenn man an beiden Enden zieht. Beim Drücken auf die Krawatte macht sich eine leichte Polsterung bemerkbar.

– Eine erlesene Krawatte liegt schwer und gefällig in der Hand.

– Leider darf der Knoten auch bei hochsommerlichen Temperaturen nicht gelockert werden.

– Eine Krawatte schließt mit dem Hosenbund ab. Wenn Sie eine Weste tragen, achten Sie darauf, dass die Krawattenspitze unten nicht hervorblitzt.

Die gebräuchlichsten Knoten sind nicht ganz einfach mit Worten zu beschreiben. In Internetsuchmaschinen (Stichwort: Krawattenknoten) finden Sie wunderbare Videoanleitungen, wie ein Knoten gebunden wird, sofern doch noch Fragen offenbleiben sollten:

– *Four-in-Hand-Knoten:* Dieser Knoten ist sehr einfach zu binden. Er sitzt am besten unter schmalen Hemdkragen. So wird er gebunden:

- Beide Enden kreuzen und das kurze Ende unter das lange legen.
- Das lange Ende von rechts nach links unter das Kreuz legen.
- Das lange Ende von links nach rechts vor das Kreuz legen.
- Das lange Ende von hinten nach vorn in Richtung Kinn hochziehen.
- Mit der breiten Seite voran die Spitze durch die Schlaufe ziehen.
- Die linke Hand hält die Schlaufe und die rechte schiebt das breite Ende durch.

– *Einfacher Windsor-Knoten:* Wenn die Kragenform etwas mehr Fülle verlangt, ist der einfache Windsor-Knoten passend. So wird er fachmännisch gebunden:
- Beide Enden kreuzen und das kurze Ende um das lange legen.
- Das breite Ende mit der rechten Hand von hinten nach vorn legen.
- Einmal um den linken Strang legen und festziehen.
- Das breite Ende wird von links nach rechts unter dem Knotenpunkt durchgezogen.
- Anschließend das breite Ende von rechts nach links über den Knoten legen.
- Das lange Ende von hinten nach vorn legen und durch die Schlaufe ziehen.

– *Doppelter Windsor-Knoten:* Ursprünglich wurde dieser Knoten eingeführt, um die weite Öffnung zwischen den fast waagerecht abstehenden Enden des Hai- oder Cutaway-Kragens auszufüllen. So meistern Sie den schwierigen doppelten Windsor:
- Das kurze Ende unter das lange nach links ziehen.
- Stränge kreuzen.
- Das breite Ende hinten durch das Kreuz nach vorn legen.
- Einmal um den rechten Strang legen.
- Noch einmal komplett umschlingen.
- Das lange Ende von rechts hinter dem Knoten nach links vorn ziehen.
- Einmal komplett um den Knoten schlingen.
- Nun das breite Ende von hinten nach vorn legen.
- Mit der rechten Hand das breite Ende durch die Schlaufe ziehen.

Nun noch einige Worte zu den **Kawattenmustern**. Nicht von ungefähr kommt die Aussage, dass man mit einem Hemd Stil und mit einer Krawatte Persönlichkeit beweisen kann. Daher sei an dieser Stelle ausdrücklich erwähnt: Comicfiguren, Tierbilder und ähnlich Plakatives haben auf Ihrer Krawatte nichts zu suchen! Halten Sie sich an die Devise, dass zu einem klein gemusterten Hemd eine Krawatte mit großem Muster gut passt beziehungsweise zum groß gemusterten Hemd eine Krawatte mit kleinem Muster. Unifarbene Krawatten passen ohnehin immer gut.

Fliege: Sir Winston Churchill galt als ein prominenter Liebhaber dieser besonderen Art von Binder. Galt die Fliege in den 50er-Jahren als topmodisch, hat sie heutzutage den Nimbus des Komödiantischen. Wer zum Querbinder steht, kann ihn im Geschäftsleben auch zum Business-Anzug tragen. Ärgern Sie sich aber bitte nicht, wenn Sie damit auffallen oder sogar für Belustigung sorgen.

Mäntel unterstreichen idealerweise Ihren Look, weshalb zum Business-Outfit kein bequemer Steppmantel passt. Bei der Anschaffung eines klassisch geschnittenen Stücks darf das Material ruhig edler ausfallen, da Sie den Mantel mehrere Jahre tragen werden. Geeignet sind Stoffe aus Kamelhaar, Kammgarn, Kaschmir und Loden. Je größer Sie sind, umso länger darf Ihr Mantel ausfallen. Bei einer Körpergröße unter 1,80 m wirken jedoch Kurzmäntel am elegantesten. Im Übrigen können Sie zwischen den folgenden Varianten wählen:

- Blazermäntel sind leicht tailliert, kürzer geschnitten, zweireihig und mit Rückenschlitz und immer passend, auch wenn ihr Ursprung in der Militäruniform liegt.

- Beliebt und angemessen sind Einreiher, da sie die meisten modischen Variationen zulassen.

- Der Trenchcoat ist ein absoluter Klassiker. Für Abendgesellschaften ist er allerdings nicht geeignet, da zu leger.

Schuhe: Spötter sagen, an den Schuhen erkenne man den Charakter eines Menschen. Fakt ist: Ein perfektes Outfit steht und fällt mit dieser Fußbekleidung. Die ledernen Freunde mit ebensolcher Sohle sollten stets abgestaubt und geputzt sein. Ein guter Schuh ist daran zu erkennen dass er nicht geklebt, sondern durchgehend genäht ist. Achten Sie peinlich darauf, abgelaufene Absätze zu erneuern. Freizeitschuhe, Sandalen,

Sneakers oder Schuhe mit Gummisohlen passen nicht zum seriösen Business.

Tipp: Lederschuhe nach dem Tragen immer mindestens 24 Stunden mit einem Schuhspanner versehen und trocknen lassen. Überlegen Sie, ob die Investition in ein Paar handgearbeitete und individuell angepasste Schuhe für Sie lohnt. Hierbei wird zunächst ein Leisten entsprechend Ihrem Fuß gefertigt. Anhand dieses Formstücks werden die gewünschten Schuhmodelle angefertigt. Der Vorteil hierbei kann zum Nachteil werden: Wer einmal ein solch individuelles Maßexemplar am Fuß gespürt hat, möchte nie wieder in einen Schuh „von der Stange" schlüpfen.

Tragen Sie niemals helle Schuhe zum dunklen Anzug, auch wenn das im Modeland Italien eine äußerst beliebte Kombination ist. Wie bei den Socken gilt, dass es abwärts dunkler wird oder zumindest gleich dunkel bleibt. Das bedeutet: Zum dunkelbraunen Anzug dunkelbraune Schuhe tragen (aber keine schwarzen Schuhe!). Zum dunkelblauen Anzug dunkelblaue oder schwarze Schuhe. Zum beigefarbenen Anzug gleichfarbig beige oder dunkelbraune Schuhe.

Accessoires des Business-Herrn

Aktentasche: Klassische Exemplare aus Leder in den Farben Schwarz und Braun machen einen professionellen Eindruck. Metallkoffer sehen für meinen Geschmack immer ein bisschen nach Geldtransport oder Halbwelt aus. Aber: Über Geschmack lässt sich ja bekanntermaßen streiten, also treffen Sie Ihre eigene Wahl.

Schmuck: Im Business sind maximal ein Ring am Ringfinger und eine Uhr erlaubt. Letztere sollte ein hochwertiges Modell sein, damit sie Ihren eleganten Auftritt unterstreicht. Krawattennadeln gehören zum Glanz vergangener Zeiten und sind out. Ohrringe, Armbänder oder Halsketten sind bei Herren im Business nicht gern gesehen – verzichten Sie also unbedingt darauf.

Brille: Manche Karriere-Psychologen halten die Brille für eins der wichtigsten „nonverbalen Kommunikationsaccessoires". Falls Sie eine Brille tragen, achten Sie darauf, dass die Sehhilfe zu Ihrem Typ passt. Wenn Sie ein rundes Gesicht haben, sollte die Brillenform eher eckig sein, bei kantigen Gesichtern eher abgerundet ausfallen. Und die Gläser sollten in jedem Fall entspiegelt sein. Das optimale Brillengestell ist nicht breiter als das Gesicht und bildet mit den Augenbrauen eine Linie. Getönte Gläser wirken düster – es empfiehlt sich daher, gelb oder braun getönte Gläser, soweit es die Lichtempfindlichkeit Ihrer Augen zulässt, zu vermeiden. Die Farbe des Gestells sollte ebenfalls zu Ihrem Hautton passen, da sich dadurch eine harmonischere Wirkung entfaltet.

Tipp: Falls Sie eine Sonnenbrille tragen, nehmen Sie diese bei Gesprächen unbedingt ab, denn es gilt die Devise: „Schau mir in die Augen, Kleines." Die Sonnenbrille wird nicht lässig ins Haar gesteckt, sondern anderorts verstaut.

Hut: Bis 1960 gehörte der Hut zur Alltagskleidung. Heute entscheidet der individuelle Geschmack. Herren nehmen Hüte in geschlossenen Räumen immer ab, sofern diese als Wetterschutz getragen werden. Sind Hüte dagegen Teil der Gesamtkleidung, können auch Herren einen Hut in geschlossenen Räumen aufbehalten. Entsprechendes gilt für Baseballcaps, auch wenn diese nicht businesstauglich sind.

Gürtel haben die gleiche Farbe und das gleiche Material wie die Schuhe. Zum Business-Outfit der Herren gehört ein Gürtel zwingend dazu.

Handschuhe sind der Garant gegen rote und rissige Winterhände schlechthin. Handschuhe (nicht Fäustlinge!) dürfen bei der Begrüßungszeremonie im Freien anbehalten werden, sofern es sich um Lederhandschuhe handelt. Woll- oder Arbeitshandschuhe werden beim Handreichen ausgezogen. Ursprünglich galt die Regel, dass Herren den Handschuh immer ausziehen müssen, wenn sie einen älteren Herrn oder eine Dame begrüßen. Meine Empfehlung lautet: Trägt Ihr Gegenüber keinen Handschuh, so legen Sie Ihren ebenfalls ab. Hat Ihr Gegenüber ebenfalls einen Handschuh übergestreift, können sie sich getrost behandschuht die Hände reichen.

Was den Herrn sonst noch auszeichnet

Eine gepflegte Erscheinung ist im Berufsleben selbstverständlich. Maniküre Hände und gepflegtes Haar gehören neben der täglichen Körperpflege unbedingt dazu.

Die **Hände** gelten als Visitenkarte des Menschen. Neben dem Gesicht sind sie am häufigsten den Blicken anderer ausgesetzt. Egal ob im Geschäftsleben oder privat: Gepflegte Hände machen Eindruck. Mit einer wöchentlichen Maniküre bringen Sie Ihre Hände und Nägel auf Vordermann und können sich gelassen auf die Finger schauen lassen. Raue und rissige Hände mit einer reichhaltigen Pflegecreme behandeln.

Haarschnitt: Sicher muss es nicht der militärische Kurzhaarschnitt sein. Herren lassen jedoch besser die Finger von Experimenten mit gefärbten Strähnchen, extravaganten Frisuren, künstlichen Locken und allzu trendigen Schnitten. Kurze Haare sind empfehlenswert. Lieber konservativ als zu gewagt.

Parfüm: Bei den „Herren-Noten" unterteilt man Düfte in die Kategorien „fougère", „orientalisch" oder „chypre". Eichenmoos und Zitrusfrische bilden das sehr beliebte Chypre-Konzept. Das Duftkonzept „fougère" basiert auf dem Zusammenspiel von Lavendel, Eichenmoos und Cumarin und gilt ebenfalls als klassische Kreation. Orientalische Düfte stellen eine Assoziation zu den Düften des Orients her. Benutzen Sie abends einen intensiveren Duft als am Tag, im Sommer einen leichteren Duft als im Winter und mischen Sie nicht mehrere Düfte miteinander. Dies gilt auch für den Gebrauch von Körperpflegeprodukten. Entweder Sie benutzen alles aus der gleichen Duftserie oder Sie verwenden duftneutrale Deos, Duschgels und Körperlotionen zusammen mit Ihrem parfümierten After Shave oder Eau de Toilette. Da der richtige Duft etwas ganz Individuelles ist, sollten Sie sich bei der Wahl viel Zeit nehmen und eventuell Fachpersonal um Rat bitten. **Tipp:** Testen Sie den Duft immer unmittelbar auf der Haut und nicht mehr als fünf Düfte auf einmal.

Weniger ist mehr

Wenn Sie Ihre Business-Garderobe nun entsprechend überprüft haben, werden Sie eventuell zu dem Schluss kommen, dass Nachbesserungsbedarf besteht. Beachten Sie dabei jedoch unbedingt die folgende Stilregel: Weniger ist mehr. Allerdings gilt das nicht für den Stoff, denn vergessen wir nicht: Je mehr Stoff, umso mehr Autorität. Vielmehr ist damit gemeint, dass ein Zuviel an Accessoires oder eine bunte Mischung an Materialien, Dessins und Farben seinen Träger leicht überladen aussehen lassen, leicht ablenken und eben nicht stilvoll sind. Daher gilt: **Tragen Sie nicht mehr als neun Dinge sichtbar**, wobei „Paare" als eine Sache zählen. Sie müssen also nicht den rechten und linken Schuh addieren, sondern zählen „nur" ein Paar Schuhe. Andernfalls würden Sie es vermutlich nicht schaffen, ganz angekleidet das Haus zu verlassen, und das ist natürlich nicht im Sinne des Erfinders! Um deutlich zu machen, wie die Aufzählung der maximal neun Dinge funktioniert, hier ein Beispiel:

1. ein Paar Schuhe
2. ein Paar Strümpfe
3. eine Hose
4. einen Gürtel
5. eine Bluse/ein Hemd
6. einen Blazer
7. einen Ring
8. eine Uhr
9. eine Brille

Kleidungsstücke die nicht sichtbar sind, wie beispielsweise Unterwäsche, müssen genauso wenig mitgezählt werden wie ein Mantel, der ja an der Garderobe abgegeben wird.

Maximal drei Farben und zwei Muster sind erlaubt. Ein Beispiel: Ein schwarz-weißer Nadelstreifenanzug (1. Farbe: Schwarz / 2. Farbe: Weiß / Muster: gestreift) und eine pastellblaues Hemd (3. Farbe: Hellblau) sind nach dieser Stilregel denkbar. Schwierig wird es allerdings, wenn noch eine Krawatte kombiniert werden muss: Dann kann nur noch mit Farbwiederholungen gearbeitet werden weil ansonsten eine vierte Farbe hinzukommen würde ...

Ratestunde? Dresscodes auf Einladungen

Ein besonders förmlicher Dresscode gilt für die Gäste der Queen beim Pferderennen in Ascot. Im königlichen VIP-Bereich haben die Herren Cut zu tragen und die Damen ein Kleid oder ein Kostüm. Hosenanzüge bei den Damen gelten bei diesem Anlass als tabu, seit sie der Duke of Norfolk als oberster Protokollchef der Queen 1967 mit dem Bann belegt hat ...

Auch wenn es sich auf den ersten Blick seltsam anhört: Für Kleidungshinweise wie „dunkler Anzug", „Abendanzug", „black tie" oder „Abendgarderobe" sollte man dankbar sein – immer vorausgesetzt, man weiß, was diese Informationen bedeuten. Manchmal ist es nämlich sogar schwieriger, ein angemessenes Outfit auszusuchen, wenn der entsprechende Kleidungshinweis auf der Einladung fehlt. Ebenfalls kompliziert wird es, wenn die Gastgeber individuelle Vorgaben aussprechen. Kürzlich sah ich mich mit dem Dresscode „schick und sinnlich" anlässlich der Abendveranstaltung eines runden Geburtstages konfrontiert ... Für solch einen Hinweis gibt es natürlich keine offizielle Definition, sondern nur eine persönliche Interpretation. Da hilft also nur, entweder den Gastgeber direkt zu fragen, was er hierunter versteht, oder sich das selbst zu überlegen ... Ich entschied mich für letztere Variante und für einen dunkelblauen Hosenanzug. Zwar entpuppte sich das als ein wenig overdressed, weil die meisten anderen Gäste Kombinationen trugen. Dank eines schicken Oberteils unter dem Blazer konnte ich jedoch das Jackett alsbald ablegen und mich den anderen Gästen anpassen. Fazit: Es ist leichter, etwas abzulegen, als etwas herbeizuzaubern.

Geschriebene Dresscodes entziffern

Die Herren sind im Vorteil, wenn es um festgeschriebene Dresscodes geht. Denn diese sind ausdrücklich an den männlichen Gast adressiert, weil klar ist, dass nicht die Frau im „dunklen Anzug" oder „Smoking" zur Festlichkeit erscheinen soll, sondern das diese Vorschrift den Herrn betrifft. Daraus folgt jedoch nicht, dass das für die Damen ein Freifahrtschein ist und sie in der Kleidungsfrage freie Wahl haben. Vielmehr hat sich die Dame dem Dresscode des Herrn anzupassen. Wie das – im wahrsten Sinne des Wortes – aussieht, erfahren Sie in den folgenden Abschnitten:

Dunkler Anzug: Der Kleidungsvermerk „dunkler Anzug" richtet sich an den Herrn und bedeutet, dass ein Einreiher in dunklen, gedeckten Tönen wie Dunkelgrau oder -blau (nicht Dunkelbraun) angemessen ist. Eine Weste kann kombiniert werden, muss aber nicht. Dazu trägt man schwarze Schuhe und eine dezente Krawatte. In Kombination mit einem weißen Hemd wird ein förmlicher Charakter erzielt; Pastelltöne lockern den ansonsten strengen Dress angenehm auf. Nach der Empfehlung des deutschen Knigge-Rats kommt für den dunklen Anzug Schwarz nicht infrage, da diese Farbe traditionell dem Smoking vorbehalten ist. Ausnahmen bestätigen die Regel: Bei einer Beerdigung wird Schwarz getragen. Anlässe für einen dunklen Anzug sind Feierlichkeiten jeglicher Art. So zum Beispiel Hochzeiten, Premierenveranstaltungen, Ehrungen, Jubiläumsfeiern etc. Die Preisfrage ist jetzt natürlich, was denn die Dame anziehen soll, wenn von ihrer männlichen Begleitung ein dunkler Anzug erwartet wird. Die diplomatische – und auf den ersten Blick zugegebenermaßen wenig zufriedenstellende – Antwort lautet: Das kommt darauf an! Bei geschäftlichen Events ist sie gut mit einem ebenfalls dunklen Hosenanzug oder einem entsprechenden Kostüm gekleidet. Bei einem privaten Anlass dagegen empfiehlt sich alternativ ein elegantes Etuikleid oder das berühmte „kleine Schwarze". Der Rock ist circa knielang; ein richtiges Abendkleid wäre übertrieben und overdressed.

Abendkleidung: Abendkleidung bedeutet: ein bisschen mehr als Abendanzug und ein bisschen weniger als Abendgarderobe. Doch worin liegt die goldene Mitte? Das ist nicht genau festgelegt. Meine Empfehlung lautet: Tragen Sie als Mann einen dunklen Anzug. Als Dame ist ein Kostüm, Hosenanzug oder Kleid (kein langes Abendkleid; das passt nicht zum Anzug!) eine gute Wahl. Steht Abendkleidung auf der Einladung, so ist häufig festzustellen, dass der Gastgeber sich selbst nicht so gut in „Dresscodes" auskennt. Fragen Sie daher lieber einmal zu viel als einmal zu wenig nach. Mit Abendkleidung kann nämlich auch ein Smoking gemeint sein ...

Smoking/kleiner Gesellschaftsanzug/Black tie/Tuxedo/Cravate noire/ Abendgarderobe: Was sich dank zahlreicher Begrifflichkeiten auf den ersten Blick so verwirrend anhört, bedeutet stets das Gleiche. Findet sich eine dieser Kleidungshinweise auf der Einladung, so tragen die Herren einen Smoking. Die französische (cravate noire) beziehungsweise die englische (black tie) Ausdrucksweise bedeutet übersetzt „schwarze Krawatte". Das bedeutet jedoch nicht, dass man eine „normale" Krawatte in der Farbe Schwarz tragen soll, sondern bezieht sich auf die schwarze Schleife, die den Smoking ergänzt. Der Smoking selbst ist entweder schwarz oder mitternachtsblau, die Schleife dagegen immer schwarz. Das entsprechende Herren-Outfit setzt sich insgesamt zusammen aus:

- Smoking-Jacke: ist nur „echt" wenn sie ein seidenbesetztes Revers hat.

- Smoking-Hose: hat an der Außennaht einen einfachen Streifen, der „Galon" genannt wird.

- Smoking-Hemd: Weiß ist die Devise.

- Kummerbund: ist kein Muss, sondern Option.

- Fliege: immer in schwarz.

- Einstecktuch: Sie haben die Qual der Wahl; das Einstecktuch ist entweder aus weißem Leinen oder aus farbiger Seide.

- Strümpfe: wenn schon, denn schon; schwarze Kniestrümpfe aus Seide oder Wolle gehören zum perfekten Outfit.

- Schuhe: keine abgelaufenen Straßenschuhe, sondern elegante Abendschuhe aus schwarzem Lackleder oder hochglanzpolierte schwarze Lederschuhe wählen.

Als Sonderform des Smokings existiert der so genannte Outdoor-Smoking. Dieser ist für Veranstaltungen unter freiem Tageslicht oder an Bord eines Schiffes gedacht und unterscheidet sich vom „normalen" Smoking nur dadurch dass ein helles Dinnerjacket anstelle der schwarzen Smoking-Jacke getragen wird. Alles andere bleibt „beim Alten".

Anlass für den Smoking sind Abendveranstaltungen wie Konzerte, Premieren, Hochzeitsfeiern, festliche Bälle. „Das Tageslicht sieht der Smoking nicht", so ein verbreitetes Sprichwort. Im Winter stimmt das auf jeden Fall, im Sommer kann der Smoking dank vieler Sonnenstunden das Tageslicht erblicken. Die Quintessenz des Sprichworts stimmt aber dennoch: Ein Smoking wird zu Abendveranstaltungen getragen. Eine Ausnahme ist denkbar, wenn eine Veranstaltung bis in die Abendstunden dauert. Erscheint der Herr im festlichen Smoking, so hält die Dame an seiner Seite mit, indem sie ein Abendkleid wählt. Das muss jeoch nicht unbedingt ein langes Abendkleid sein, auch Knielänge ist akzeptabel. Ebenfalls denkbar ist das „kleine Schwarze" oder ein sehr eleganter Hosenanzug, beispielsweise aus Seide. Dabei sollte frau beachten, dass die gewählte Handtasche nicht größer als der Kopf sein darf. Somit ist der Auftritt perfekt mit einer schicken Clutch (Unterarmtasche in Form eines überdimensionierten Portemonnaies) oder eben einer kleinen Handtasche. Bei den Schuhen ist ausnahmsweise weniger mehr. Denn je festlicher der Anlass, umso weniger Schuh wird getragen: Zum Abendkleid dürfen es also elegante High Heels sein, die an den Zehen und/oder an der Ferse offen sind. Dann aber bitte auf Feinstrümpfe verzichten – es sieht einfach nicht gut aus, wenn bestrumpfte Zehen aus einem Abendschuh hervorblitzen.

Frack/White tie/Cravate blanche: Wer aufmerksam die Erläuterungen zum Smoking gelesen hat, kann wahrscheinlich schon ableiten, was „white tie" beziehungsweise „cravate blanche" zu bedeuten hat. Übersetzt wird damit auf die weiße Schleife und das weiße Frackhemd mit Stehkragen angespielt. Zur perfekten Ausstattung gehören:

- Frack-Jacke: Diese ist schwarz, einreihig, kann nicht geschlossen werden und hat ein seidenbesetztes Revers.

- Schleife: Diese ist – anders als beim Smoking – grundsätzlich weiß. Es sei denn, es handelt sich beim Träger um einen Ober im Restaurant; dieser trägt eine schwarze Schleife zum Frack.

- Frack-Hemd: weiß, mit Stehkragen, der an den Ecken geklappt wird. Die Manschetten des Hemds sind, wie auch der Brustbereich, aus Baumwollpikee. Alles andere am Hemd ist aus Popeline oder leicht transparentem Voile geschneidert. Sieht man ein Frack-Hemd vor sich, so fühlt man sich unwillkürlich in die Zeiten versetzt, in denen Kragen, Brust und Manschetten nicht fester Bestandteil des Hemds waren, sondern daran geknöpft wurden.

- Frack-Hose: Diese hat nicht nur einen Seidenstreifen an der Längsnaht der Hose, sondern zwei parallel verlaufende Streifen.

- Schuhe: Passend sind sogenannte Herrenpumps mit Ripsschleife.

Die Anlässe für den Frack sind zugegebenermaßen rar. Er wird beim Wiener Opernball, bei Nobelpreisverleihungen, Adelshochzeiten oder gegebenenfalls privaten Bällen erwartet und nicht vor 18 Uhr getragen. Die Dame trägt beim Kleidungshinweis „Frack" eine lange Abendrobe. Diese ist bodenlang, reich verziert, die Schultern und Arme sind nicht bedeckt und frau zeigt nicht selten dazu ein einladendes Dekolleté. Dazu getragen werden lange Handschuhe und wertvoller Schmuck. Nicht vergessen: Die Handtasche ist klein und elegant und die Schuhe sind offen. Die normale Alltagsfrisur wäre für diesen Anlass nicht festlich genug. Also sollte frau den Weg zum Frisör und zum Visagisten nicht scheuen, um sich für das große Event entsprechend stylen zu lassen.

Cut: Der Cut ist der Frack des Tages und ist die Kurzform des Begriffs „Cutaway Coat". Manchmal wird er auch als „Morning Coat" bezeichnet und trifft damit seinen Einsatzbereich genau. Der Name „Cutaway" ist darauf zurückzuführen, dass der einstige Gehrock vorn gekürzt beziehungsweise leicht rund zurückgeschnitten wurde, um seinem Träger mehr Freiraum zu geben. Der perfekte Cut besteht aus:

- Cut-Jacke: Wundern Sie sich nicht, dass diese auch als schwarzer Rock bezeichnet wird.

- Weste: hellgrau.

- Cut-Hose: gestreift oder kariert oder mit Glencheck-Muster.

- Schuhe: schwarz und auf Hochglanz poliert.

- Hemd: weiß, mit Umlegekragen, Doppelmanschetten und Krawatte getragen.

- Hut: nur ein schwarzer Zylinder ist stilecht und passend.

Beim Cut gibt es ein paar Variationsmöglichkeiten, so zum Beispiel bei der Hose. Auch kann der Cut anthrazitfarben anstatt schwarz sein. Mann trägt den Cut auf Veranstaltungen bei Tageslicht: So zum Beispiel die Garten-Party der Queen oder private Festlichkeiten wie Jubiläen, Adelshochzeiten, Geburtstage oder hochoffizielle Anlässe wie Staatsempfänge, -besuche und -akte. Bei fröhlichen Anlässen darf es auch eine farbige Weste oder ein gestreiftes Hemd sein. Bei einer Beisetzung dagegen müssen Weste und Krawatte schwarz sein. Die Damen treten schick auf und tragen ein knielanges Kleid oder ein Kostüm, gern in Kombination mit einem eleganten Hut. Die Farbigkeit richtet sich ganz nach dem Anlass.

Stresemann: Der Stresemann hat einen prominenten Namensgeber: Gustav Stresemann, von 1878 bis 1929 deutscher Außenminister, stand dafür Pate. Aus diesem Grund ist dieser Dresscode auch ausschließlich in

Deutschland bekannt. Manchmal wird der Stresemann auch „Bonner Anzug" in Anspielung auf die Regierungsgeschäfte genannt. Der Stresemann
unterscheidet sich vom Cut bei der Wahl der Jacke: Anstelle des „schwarzen Rocks" trägt man ein schwarzes Sakko. Alles andere bleibt gleich. Allerdings ist der Stresemann heute etwas aus der Mode gekommen und nur
noch selten zu sehen.

Come as you are: Dieser Dresscode ist so ziemlich der irreführendste, den
man sich vorstellen kann. Denn „Come as you are" meint nicht, dass man
leger-lässig und „so wie man ist" direkt vom Waldspaziergang oder Ein-
kaufsbummel beim Gastgeber auftaucht. Dieser Kleidungsvermerk ist immer nur dann üblich und angemessen, wenn man davon ausgeht, dass die
Gäste direkt vom Büro zur Veranstaltung gehen und man ihnen das Um-
ziehen ersparen möchte. Gemeinhin wird erwartet, dass die Herren einen
Anzug und Krawatte tragen und die Damen dementsprechend einen Hosenanzug oder ein Kostüm. Das gilt auch, wenn Sie im Business eigentlich
legerer gekleidet sind ...

Casual: In Seminaren werde ich sehr oft gefragt, was der Kleidungsvermerk „casual" bedeutet. Insbesondere in Unternehmen mit amerikanischen Wurzeln kommt das nämlich nicht selten vor. Indem ein Dresscode
(zum Beispiel casual, smart casual oder business casual) vorgegeben wird,
möchte ein Unternehmen sicherstellen, dass Mitarbeiter jeder Funktion
und Abteilung uniform gekleidet zu einem Event erscheinen und man keinen kunterbunt zusammengewürfelten Haufen vorfindet. Casual ist dabei
der unterste Level, da der legerste Dresscode: Er bedeutet dass Mann eine
Jeans und ein Poloshirt oder -hemd tragen darf. Entsprechendes gilt für
die Frau: Freizeitkleidung in Form von Jeans, Poloshirt und einem lässig
um die Schultern gelegten Pullover trifft diesen Dresscode genau.

Smart Casual: Smart Casual ist ein bisschen mehr als „nur" casual. Hierunter versteht man gehobene und gepflegte Freizeitkleidung. Für Herren
sind das Kombinationen aus Sakko und Hose. Darunter darf es ein Poloshirt oder -hemd sein. Für die Damen bedeutet das zum Beispiel ein
Twinset in Kombination mit Hose oder Rock. Für beide Geschlechter gilt:
keine Jeans, das wäre einfach zu leger!

Business casual: Business casual ist weniger lässig (casual) als vielmehr businessmäßig. Das heißt, dass die Herren die Krawatte ablegen dürfen und daher im Anzug und Oberhemd erscheinen. Die Damen tragen das ganz alltägliche Büro-Outfit in Form von Hosenanzug oder Kostüm, weil sie im Gegensatz zum männlichen Geschlecht nichts ablegen können, was an den Langbinder erinnert ...

Körpersprache: Gestik und Mimik

„Was jemand denkt merkt man weniger an seinen Ansichten als an seinem Verhalten."

– Isaac Bashevis Singer (1904 – 1991), amerikanischer Schriftsteller und Nobelpreisträger für Literatur

Die Körpersprache hat – neben der Kleidung – entscheidenden Einfluss auf die Sympathie- oder Antipathiepunkte, die Sie sammeln, und darauf, ob der erste Eindruck ge- oder misslingt. Gestik und Mimik zählen ebenfalls zu den wichtigen nonverbalen Signalen und Redewendungen wie „mit beiden Beinen im Leben stehen", „mit Händen und Füßen reden" oder „den Kopf hängen lassen" verdeutlichen, welche Aussagekraft der Körpersprache im Volksmund zugebilligt wird. Insbesondere der Kommunikationsforscher und Buchautor Paul Watzlawick prägte in diesem Zusammenhang den Satz „Man kann nicht nicht kommunizieren" und brachte damit zum Ausdruck, dass der Mensch ständig im Dialog mit seinem Umfeld steht – und zwar selbst dann, wenn er keinen Ton von sich gibt.

Ausdrücklich möchte ich an dieser Stelle darauf hinweisen, dass Körpersprache im Fluss ist. Sitzt jemand mit verschränkten Armen vor Ihnen, so gibt es verschiedene Möglichkeiten, diese Körperhaltung zu interpretieren: Möglicherweise sollten Sie die Heizung aufdrehen, weil Ihrem Gegenüber kalt ist. Oder Ihr Besucher macht es sich gerade so richtig gemütlich. Oder aber er geht auf Distanz zu Ihnen, weil Sie etwas getan oder gesagt haben, das nicht seinen Vorstellungen entsprochen hat. Um das wirklich abschließend und verlässlich beurteilen zu können, müssten Sie Ihren Gast über längere Zeit hinweg genau beobachten. Welche Mimik legt er an den Tag? Sieht er ent- oder verspannt aus? Hat sein Haltungswechsel abrupt stattgefunden oder sich langsam entwickelt? Es ist auf jeden Fall nicht damit getan zu sagen: „Der Gesprächspartner hat die Arme verschränkt. Das bedeutet, dass er mich nicht mag. Basta."

Vielmehr möchte ich Sie in diesem Kapitel für die eigene Körpersprache und die der Mitmenschen sensibilisieren. Denn sehr viel öfter, als uns selbst bewusst ist, nehmen wir eine geschlossene Körperhaltung ein. Wenn wir das nun in Zusammenhang mit dem ersten Eindruck bringen, so wird klar, dass, aufgrund der negativen Interpretationsmöglichkeiten einer geschlossenen Körperhaltung, es unbedingt empfehlenswert ist mit einer offenen Gestik und Mimik auf andere Menschen zuzugehen. Dadurch sichern Sie sich mit Leichtigkeit die besten Startvoraussetzungen, um andere Menschen für sich zu gewinnen.

Insbesondere die folgenden körpersprachlichen Signale und Verhaltensweisen spielen beim ersten Eindruck (und natürlich auch darüber hinaus) eine erhebliche Rolle und zeugen von stilvollen Manieren:

Blickkontakt

Wem wir in die Augen sehen, dem schenken wir Aufmerksamkeit, Interesse und Aufgeschlossenheit. Suchen Sie daher den Blickkontakt zu Ihrer Umgebung und zu Ihrem jeweiligen Gesprächspartner. Wer sich mit Ihnen unterhält, der blickt beim Sprechen ab und an suchend durch die Gegend. Dieses Verhalten ist darauf zurückzuführen, dass sich der Sprechende an Erlebnisse erinnert und diese vor seinem „inneren Auge" Revue passieren lässt, während er sie Ihnen erzählt, oder dass er sich gerade vorstellt, wie sich das eben skizzierte Projekt zukünftig auswirken wird. Oder er eben einfach nach den passenden Worten sucht. Es ist also völlig normal, wenn ein Erzähler den Blickkontakt immer wieder abreißen lässt. Vom Zuhörer wird dagegen erwartet, dass er den Augenkontakt hält. Sucht Ihr Gegenüber Ihren Augenkontakt und findet ihn nicht, da Sie gerade anderweitig den Raum inspizieren, so wirkt das schnell desinteressiert. Als Zuhörer schenken Sie dem Gesprächspartner ständige Aufmerksamkeit durch konstanten Blickkontakt.

Übrigens: Tabu und unangemessen ist, den Blick auf den Körperbereich unterhalb der Schultern zu richten. Frauen heften ihre Blicke tendenziell gern auf Unzulänglichkeiten der anderen; Männer lenken ihre Blicke gern auf die Vorzüge des Gegenübers ... Das führt oft zu Verwirrungen!

Lächeln

Lächeln ist von bleibendem Wert. Sie machen dadurch einen freundlichen und sympathischen Eindruck. Nicht zu lächeln wird nicht nur als Zeichen von Unfreundlichkeit gewertet, sondern gilt auch als Hinweis für Unsicherheit.

Händedruck

Dieser kann Reserviertheit, Nervosität oder Vereinnahmung zum Ausdruck bringen. Der Händedruck ist fest und erfolgt mit der ganzen Hand. Geben Sie Ihrem Gegenüber nicht nur die Finger in die Hand, sondern achten Sie darauf, dass sich ihre Handflächen berühren. Weitere Hinweise finden Sie beim Thema „Begrüßen".

Distanzzonen

Wir unterscheiden in Deutschland vier verschiedene Distanzzonen.

- Die intime Distanz beträgt 0 bis 60 Zentimeter. So nah dürfen Sie keinem Ihrer Business-Kontakte kommen, sofern Sie kein Unbehagen beim anderen auslösen wollen.

- Die optimale Gesprächsdistanz – zum Beispiel im Smalltalk – beträgt eine Armlänge oder einen Meter.

- Die gesellschaftliche Distanz beträgt mindestens 1,5 Meter und ist angebracht, wenn man sich unter Fremden bewegt. So zum Beispiel bei der Fahrt mit einem Aufzug.

- Die öffentliche Distanz liegt bei mindestens vier Metern. So viel Abstand lässt man gern zu Passanten auf der Straße oder zu anderen Gästen im Restaurant.

In anderen Ländern gelten andere Sitten, so auch bei den Distanzzonen. Doch wenn Distanzzonen verletzt werden, fühlt sich keiner so richtig wohl. Kürzlich las ich in einer Tageszeitung, dass auf der Veranda einer Trabrennbahn in Brasilien ein zusätzliches Geländer angebracht werden musste, weil die ausländischen Gäste regelmäßig hinunterfielen. Zum Unglück kam es immer dann, wenn die Besucher versuchten, der vertrauensvollen Nähe der brasilianischen Umstehenden zu entkommen, und auf ihrer Flucht per Rückwärtsbewegung dann einen unfreiwilligen Abgang machten ...

Auch bei uns werden Distanzzonen, wenn auch ungewollt oder unbewusst, missachtet. So zum Beispiel in den öffentlichen Verkehrsmitteln: Ob Bahn, Bus oder Flugzeug – unweigerlich rücken Mitreisende einander dichter auf die Pelle, als die geltenden Distanzzonen eigentlich erlauben würden.

Im Aufzug setzt man sich ebenfalls über Distanzzonen hinweg, wenn sich mehrere Fahrgäste den engen Raum teilen müssen. Haben Sie in diesem Zusammenhang schon einmal darauf geachtet, wohin die Mitfahrenden ihre Blicke richten? Entweder auf die eigenen Schuhe oder auf die digitale Fahrstuhlanzeige. Und wer die Wahl hat, steht ausnahmsweise sehr gern mit dem „Rücken zur Wand". Aufgrund der räumlichen Enge rückt man eben viel dichter mit Fremden zusammen, als einem lieb ist. Daher wird versucht, diesen Umstand so gut wie möglich zu ignorieren (kein Blickkontakt) und sich ein halbwegs sicheres Plätzchen zu suchen (Rücken zur Wand).
Tipp: Wohler fühlt man sich erst dann, wenn beim Betreten des Aufzugs gegrüßt und kurz der Blickkontakt gesucht wird. Das gilt zumindest dann, wenn der andere zurückgrüßt und dadurch hoffentlich einen halbwegs akzeptablen Eindruck hinterlässt ...

Gestik

Gestik wirkt positiv, wenn sie sich oberhalb der Gürtellinie abspielt. Also bitte nicht die Hände in den Hosentaschen vergraben! Und auch sonst gilt, dass Ihre Hände immer sichtbar sein sollen. Im Idealfall zeigen Sie sogar ab und an Ihre Handinnenflächen. Warum? Nun, in früheren Zeiten galt es als ein Zeichen von Bedrohung, wenn wir die Hände unseres Gegenübers nicht sehen konnten. Daraus resultierte die überlebenswichtige

Frage, ob der andere bewaffnet und uns daher gefährlich sein könnte. Für uns gilt also heute: Zeigen Sie Ihre Hände, zum Beispiel indem Sie unterstützend gestikulieren, und verstecken Sie sie nicht – auch nicht hinter dem eigenen Rücken. Stattdessen legen Sie die Hände lose ineinander, wenn beide Hände frei sind. Halten Sie eine Hand- oder Aktentasche, so haben Sie ohnehin „kein Problem".

Offene Körperhaltung

Sie wirken umso positiver, je offener Ihre Körperhaltung ist. Das bedeutet: nicht die Schultern hängen lassen, gerade stehen, gehen und sitzen und vor allem keine geschlossene Körperhaltung einnehmen. Achten Sie darauf, die Arme nicht vor der Körpermitte zu verschränken: Der Klassiker unter den geschlossenen Körperhaltungen signalisiert Ablehnung, Desinteresse sowie Unsicherheit oder bedeutet ganz einfach, dass Ihnen gerade kalt oder sehr ungemütlich ist. Doch vergessen wir nicht: Auch wenn die Bedeutung einer geschlossenen Körperhaltung der Interpretation bedarf, so werden Sie damit kaum einen positiven ersten Eindruck erzielen. Es geht darum, die Startbedingungen so günstig wie möglich zu gestalten, sodass dem anderen nichts anders übrig bleibt, als Sie ins Herz zu schließen. Schon wenn Sie einen Stift zwischen den beiden Händen halten oder sich beim Stehempfang am Glas festhalten, erfüllen Sie dieses Negativ-Kriterium der geschlossenen Körperhaltung.

Kennen Sie Ihre Stärken, die Sie unverwechselbar machen? Wofür haben Sie schon oft Komplimente bekommen? Sind es Ihre weißen Zähne oder Ihre außergewöhnlichen Augen, Ihr freundliches Lächeln, Ihre Aufmerksamkeit oder Ihre geschmackvolle Kleidung? Wenn Sie sich Ihrer Stärken bewusst sind, können Sie diese beim ersten Eindruck gezielt einsetzen. Umgekehrt gilt aber nicht, dass Sie Ihre Schwächen verstecken sollten. Sie finden Ihre Hände nicht schön? Verstecken Sie sie bloß nicht in der Hosentasche! Ihre Zähne würden im Casting für eine Zahnpastawerbung durchfallen? Kneifen Sie nicht die Lippen zusammen, um den anderen nicht „die Zähne zu zeigen". Durch krampfhafte Vertuschungsaktionen wird erst recht die Aufmerksamkeit auf vermeintliche Makel gelenkt.

Grüßen, begrüßen und vorstellen

Ein Seminarteilnehmer erzählte mir, dass er zum ersten Mal in einem richtigen Luxushotel Urlaub machen wollte. Bei seiner Ankunft streckte ihm der Mann vor dem Eingang freundlich die Hand entgegen. Gerade wollte er als Gast dessen Hand zur Begrüßung ergreifen, da stellte sich heraus, dass sein Gegenüber der Portier und Kofferträger war, der „nur" die Hand nach den Gepäckstücken ausgestreckt hatte!

In früheren Zeiten galt es als unüblich, fremde Menschen zu grüßen. Stattdessen hat sich nur begrüßt, wer sich bereits kannte, und durch das Begrüßen einen wichtigen Beitrag zur Kontaktpflege – heute würde man sicher Networking sagen – geleistet. Im Business schütteln Sie heute tagtäglich eine Vielzahl von Händen, lernen neue Leute kennen und stellen andere einander vor. Obwohl das Grüßen, Begrüßen und Vorstellen also etwas ist, das jeder von uns tagtäglich tut, besteht allgemein Nachholbedarf, was die Regeln und Gebräuche dieser Handlungen angeht. In meinen Seminaren bin ich immer wieder überrascht, wie viele leitende Angestellte, Berater, Manager und Studenten Unsicherheiten bei diesem Thema zeigen. Ganz besonders deutlich wird das beim Vorstellen: Alsbald wird es in der Runde verdächtig stumm, wenn es darum geht, einen Hinzukommenden den Anwesenden vorzustellen. Und erst vor kurzer Zeit hörte ich aus dem Mund eines gestandenen Geschäftsführers die Selbstvorstellung „Grüß Gott, ich bin der Herr Schmidt". Wer nun noch darüber grübelt, was an diesem letzten Satz denn möglicherweise nicht ganz kniggegerecht ist, dem seien die folgenden Ausführungen ganz besonders ans Herz gelegt ...

Wann wird gegrüßt – und wann nicht?

Widmen wir uns zunächst einmal dem Begriffswirrwarr um das Grüßen und Begrüßen. Auch wenn man es auf den ersten Blick annehmen möchte, ist es nämlich beileibe nicht dasselbe. Wer grüßt, der muss nicht zwingend begrüßen, und wer begrüßt, der grüßt automatisch mit. Anders formuliert: Grüßen ist weniger als begrüßen, weil bei Ersterem kein Körperkontakt durch das Handreichen stattfindet. Nach meinem Empfinden findet das Grüßen heutzutage viel zu selten statt. Ich kann mich noch erinnern, dass ich als kleines Mädchen die Sache mit dem „Grüßen" nicht ganz verstanden hatte. Und so kam es, dass ich auf meinen Ausflügen in die Umgebung, beim Fahrradfahren oder beim Spielen jeden Mensch grüßte, der an mir vorüberlief. Denn ich hatte gelernt: Kinder grüßen Erwachsene. Und nach meiner Interpretation war das ganz unabhängig davon, ob ich die Person kannte oder nicht. Zugegebenermaßen, wir wohnten in einem Dorf und so richtig viel los war dort nicht, aber ich kann mich noch genau erinnern, dass die Momente, in denen jemand nicht zurückgrüßte, zum Glück nur selten waren. Dass mich jemand freundlich anlächelte und ein paar Worte mit mir wechselte, geschah viel häufiger. Keine Sorge, ich möchte Sie jetzt nicht dazu ermuntern, jedermann zu grüßen, der Ihnen über den Weg läuft. Doch sollte es eine Selbstverständlichkeit sein, dass man seinen Sitznachbarn im Flugzeug, seine Mitfahrer im Aufzug, den Kassierer an der Tankstelle oder die Rauchenden vor einem Bürogebäude, das man betritt, grüßt.

Übrigens: Neben der Möglichkeit, Fremde zu grüßen, ist der Gruß eine Alternative, wenn man gerade nicht per Handschlag begrüßen kann, so bei einer starken Erkältung oder weil der andere gerade „alle Hände voll zu tun" hat.

Welche Formulierung Sie für einen Gruß verwenden, hängt natürlich ganz von den Gegebenheiten ab. Ist Ihnen Ihr Gegenüber bekannt so grüßen Sie mit Namen (zum Beispiel „Hallo Herr Schmidt!"). Begegnen Sie völlig Fremden, so können Sie natürlich nicht mit Namen grüßen und sagen stattdessen „Hallo", „Guten Tag" oder „Grüß Gott" – ganz nach den entsprechenden regionalen Gepflogenheiten. Das Gleiche gilt, wenn Sie sich verabschieden. Beim Verlassen eines Aufzugs ist ein Abschiedsgruß wie „Auf Wiedersehen" oder „Tschüß" angebracht. Nur bitte machen Sie sich nicht, wie ich, zum Gespött, indem Sie in Nordrhein-Westfalen beim Verabschieden „Ade" sagen. Was in manchen Bundesländern üblich ist, erntet anderorts Gelächter, glauben Sie mir!

Arbeiten Sie in der Kundenbetreuung so wird der Kunde, der Ihre Geschäftsräume betritt, immer erwarten, dass er gegrüßt wird. Tun Sie ihm den Gefallen! Obwohl auch hier eigentlich die Devise gilt, dass der Hinzukommende (Kunde) den Anwesenden (Kundenbetreuer, zum Beispiel in einer Bank) grüßt.

Merk-Zettel für das Grüßen

- Ankommende grüßen die Anwesenden.

- Jeder Gruß wird erwidert.

- Im privaten Umfeld grüßt derjenige zuerst, der den anderen zuerst sieht.

- Im beruflichen Umfeld grüßt der hierarchisch Rangniedere den Ranghöheren.

- Im Zweifelsfall lieber früher grüßen und einmal zu viel als einmal zu wenig.

- Zu einem sympathischen Gruß gehören Lächeln und Blickkontakt unbedingt dazu.

- „Mahlzeit" oder „Ciao" sind keine adäquaten Grußformeln.

Selbst wenn Sie Ihr Gegenüber normalerweise per Handschlag begrüßen würden, gibt es Situationen, in denen Sie auf das Handreichen besser verzichten. Zum Beispiel:

- Reichen Sie sich nicht die Hand auf dem stillen Örtchen. Das gilt selbst nach dem Händewaschen beim Verlassen des Raums.

- Wenn Sie eine Person per Handschlag begrüßen, müssen Sie alle Anwesenden per Körperkontakt grüßen. Bei der Teambesprechung reicht es meist, in die Runde zu grüßen.

- Sie treffen Ihre Kollegin in der Stadt und sie hat die Hände voller Einkaufstaschen. Hier reicht aus praktischen Gründen ein ausschließlich verbaler Gruß vollkommen aus.

- Medizinischen Studien zufolge ist das Händeschütteln neben dem gemeinsamen Kontakt von Menschen mit Oberflächen, zum Beispiel Türklinken, der Hauptübertragungsweg von Erkältungen. Das Infektionsrisiko wird auch dadurch erhöht, dass Menschen – ohne sich dessen bewusst zu sein – sehr häufig mit den Händen ihren Mund, ihre Nase oder Augen berühren. Ist man erkältet, reicht man dem anderen nicht die Hand und erklärt kurz, warum.

- Sie gehen mit einem Kunden in ein Restaurant und sehen an einem anderen Tisch Ihren Kollegen mit seiner Frau speisen. Um nicht beim Essen zu stören, genügen ein verbaler Gruß und Handheben aus der Ferne.

- Über Hindernisse hinweg reicht man sich nicht die Hand.

- Treffen Sie auf bekannte Personen die gerade in ein angeregtes Gespräch vertieft sind, so grüßen Sie aus der Ferne. Sie können dann später immer noch zum Handschlag vorbeikommen.

- Trotz aller Regeln gilt: Nehmen Sie eine ausgestreckte Hand immer an und lassen Sie niemals jemanden „in der Luft hängen".

Grußgesten

Hat man sich entschieden, „per Körperkontakt" zu begrüßen, stellt sich die Frage, welche der zur Verfügung stehenden Begrüßungsgesten gewählt werden sollten. Um eines klar vorneweg zu sagen: Sie sind als Mitarbeiter zwar in der Pflicht, Ihren Chef zu grüßen (siehe oben), aber auf welche Art Sie sich gegenseitig begrüßen und wie nah Sie einander kommen, bleibt dem hierarchisch Höherstehendem (hier also dem Chef) überlassen. Die Qual der Wahl zwischen den zahlreichen Grußgesten steht Ihnen also nur dann offen, wenn Sie selbst die ranghöhere Person sind und entscheiden dürfen, wie man einander begrüßt.

Fazit: Jede Begrüßung in Form eines Händedrucks dringt in die Distanzzone des Gegenübers ein. Das Berühren eines Menschen stellt jedoch ein Privileg dar, das nicht erzwungen werden darf, sondern gewährt werden muss. In der Folge obliegt die Entscheidung, wie man sich begrüßt, dem Ranghöheren.

Genau betrachtet gibt es zahlreiche Grußgesten, auch wenn diese nicht für jedermann geeignet sind. Zum Beispiel:

– Verbeugung: Je tiefer und länger die Verbeugung, umso größer der gezeigte Respekt.

– Handkuss: Der Handkuss hat seinen Ursprung im Küssen des Siegelringes eines höhergestellten Aristokraten oder Geistlichen. Der Siegelring war Zeichen und Legitimation der Macht. Durch den Kuss wurde Respekt und Unterwerfung bekundet. Wenn auch selten, ist in sehr traditionell ausgerichteten Gesellschaften der Handkuss immer noch üblich. Zu beachten ist, dass der Herr beim Handkuss stets den Augenkontakt mit der Dame beibehält, damit keinesfalls der Eindruck entsteht, er würde einen Blick auf ihr Dekolleté werfen. Auch berühren die Lippen die Hand nicht. Der Kuss wird also nur angedeutet.

– Bruderkuss: die besondere Form der Ehrerbietung zwischen Staatsmännern und Parteigenossen.

– Bussi-Bussi: Bei der Begrüßung durch „Wange an Wange" handelt es sich um eine intime Art der Begrüßung, da man weit in die Distanzzone des anderen eindringt. Die Bussi-Bussi-Begrüßung eignet sich daher nicht für das Geschäftsleben.

– Der kirchliche Segensgruß mit ausgebreiteten, nach vorn gestreckten Armen.

– Knicks: heute eher selten anzutreffen – und wenn, dann als Hofknicks.

– Der religiöse Gruß durch das Knien während des Gebets: Das rechte Knie ist gebeugt und berührt während eines Gottesdienstes bei Katholiken, Orthodoxen und teilweise auch Anglikanern „den Boden Gottes". Manchmal wird auch ein hoher kirchlicher Würdenträger (Papst, Bischof) als Gesandter Gottes mit einer Kniebeuge begrüßt. Dann erfolgt die Kniebeuge allerdings mit dem linken Knie, um den Unterschied zur Verehrung Gottes deutlich zu machen.

Am gebräuchlichsten ist im beruflichen Kontext selbstverständlich das Handreichen. Doch auch hier kann man zwischen diversen Variationen unterscheiden:

- Handelt es sich um einen festen Handschlag „unter Männern"?

- Dient das Handreichen der Besiegelung eines (ungeschriebenen) Vertrags?

- Reicht man sich die Hand – zum Beispiel auch im übertragenen Sinne –, um „Frieden" oder den Bund fürs Leben zu schließen?

- Drückt man sich im Vorübergehen mal eben schnell die Hand?

- Werden die Hände bei einer Gratulation geschüttelt?

Je nachdem, um welche Art des Handreichens es sich handelt, fällt der Händedruck ganz unterschiedlich aus. Bei der Gratulation dauert er meistens ein paar Sekunden länger und ist mit guten Wünschen verbunden. Beim Vorübergehen ist der Handschlag nur flüchtig und von wenigen Worten begleitet. Beim Handschlag unter Männern geht ein klatschendes Geräusch mit der Zeremonie einher. Man kann daher nicht explizit sagen, dass ein Handschlag eine exakte Anzahl von Sekunden dauert oder bestimmte Worte erfordert. Die Umstände und der Anlass bestimmen über die jeweilige Art und Weise. Darüber hinaus kann ein Händedruck auch sehr viel über einen Menschen aussagen: Kalte Hände deuten auf Frieren oder Nervosität hin. Ein schwacher Händedruck stellt berechtigterweise die Frage nach dem Durchsetzungsvermögen. Viel Abstand zwischen zwei Menschen beim Handreichen kann auf ein zurückhaltendes Wesen deuten.

Händedruck, Handschlag oder Handschütteln?

Unsere heutige Tradition des Händereichens ist vermutlich auf die Quäker im 17. Jahrhundert zurückzuführen, es galt damals als einfache Begrüßung und Zeichen der Gleichgestelltheit. Ab Mitte des 19. Jahrhunderts war das Handreichen ein Zeichen von Freundschaft, Verwandtschaft oder guter Bekanntschaft; es ist seither Symbol für eine herzliche und aufmerksame Geste. Denn wer dem anderen die bloße Hand reicht, der zeigt sich offensichtlich unbewaffnet und legt seine empfindliche Handinnenfläche „in die Hand" des Gegenübers – schon seit jeher eine Geste des Vertrauens. Als Vorläufer des Händedrucks ist das Winken bekannt, das dem Gegenüber eine leere Waffenhand signalisierte. So wundert es nicht, dass man noch heute sagt: Ein Handschlag schafft Vertrauen. Umgangssprachlich wird nicht immer zwischen Händedruck, Handschlag und Händeschütteln unterschieden. Und doch sind die Unterschiede gar nicht unerheblich:

- Das Händeschütteln: Böse Zungen behaupten „Geschüttelt wird nicht, schon gar nicht gerührt". Die Hände umfassen sich beim Händeschütteln für einige Sekunden und werden rhythmisch auf und ab bewegt. Typisch für Gratulationen.

- Der Händedruck: Fehlt das „Schütteln" der Hände beziehungsweise die Auf-und-ab-Bewegung, so spricht man von einem Händedruck. Der Händedruck ist eine gängige, allgemein akzeptierte Begrüßungsformel und dementsprechend besonders zu empfehlen.

- Der Handschlag ist derberer Natur: Hier treffen sich alte Freunde und begrüßen sich auf besonders vertraute Art und Weise.

Varianten des Händedrucks

Händedruck ist nicht gleich Händedruck. Mit ein bisschen Aufmerksamkeit können die unterschiedlichsten Varianten beobachtet und daraus Rückschlüsse auf das zwischenmenschliche Verhältnis sowie auf den jeweiligen Charakter gezogen werden. Zum Beispiel:

- Distanz-Händedruck: Die Hand wird sehr weit weg vom Körper ausgestreckt. In der Folge entsteht zwischen den beiden Gesprächspartnern großer Raum, der distanzierend wirkt. Der Distanz-Händedruck wirkt ablehnend und reserviert.

- Intimer Händedruck: Der intime Händedruck ist das Gegenteil des Distanz-Händedrucks. Die Hand wird kaum vom Körper weggestreckt, sodass zwischen den Begrüßenden kaum Luft bleibt. Diese Variante deutet darauf hin, dass der eine Gesprächspartner dem anderen näher kommen möchte. Eine andere Interpretation besagt, dass es sich um eine dominante Geste handelt, da der eine selbstverständlich in die engste Distanzzone des anderen vordringt.

– Schlaffer Händedruck: Legt jemand seine Hand wie „einen toten Fisch" in die Hand des Gegenübers, so deutet das auf einen durchsetzungsschwachen und sehr zurückhaltenden Charakter hin. Dieser Händedruck gilt als Karrierekiller und wird vornehmlich pessimistischen Menschen zugeschrieben.

– Schraubstock-Händedruck: Wenn Sie jemanden mit einem solchen Händedruck begrüßen, so fühlt sich der andere „in die Zange" genommen. Dieser Händedruck wirkt sehr dominant.

– Normaler Händedruck: Der ideale, normale Händedruck erfolgt kurz und fest mit der rechten Hand, begleitet von einem freundlichen Blick in die Augen. Achten Sie darauf, Ihrem Gegenüber nicht nur Ihre Finger in die Hand zu legen – die beiden Handinnenflächen sollen einander berühren. Angenehm ist der Händedruck insbesondere dann, wenn die Hände trocken und warm sind. Starkes Schütteln der Hände ist meistens unerwünscht. Deshalb sprechen wir lieber von einem Händedruck, statt vom Händeschütteln. Der Händedruck dauert zwischen drei und vier Sekunden, wobei der Schwung dafür aus dem Ellbogen und nicht aus der Schulter stammt. Kürzer wirkt hektisch, bei längerem Händedruck kommt das Distanzempfinden ins Spiel und wir fühlen uns bedrängt – es sei denn, es handelt sich um einen Handschlag unter besten Freunden.

Sowohl im Business als auch im privaten Umfeld steht man auf, wenn ein anderer zur Begrüßung auf einen zukommt. Regeln nach dem Motto „Die Damen deuten das Aufstehen nur an und setzen sich anschließend wieder" gehören der Vergangenheit an. Alle stehen auf – unabhängig davon, wer auf einen zukommt – so wird eine Unterhaltung zur Begegnung auf gleicher Augenhöhe.

Wenn Sie einem Menschen die Hand reichen, so sollten Sie ihn nicht auf andere Weise zusätzlich berühren. In manchen Verkaufsratgebern oder -seminaren wird empfohlen, den anderen zusätzlich am Ellbogen oder

Oberarm anzufassen, um dadurch besonderes Vertrauen zu signalisieren. Diese Geste muss jedoch, um ihre Wirkung entfalten zu können, so kurz und unauffällig geschehen, dass der andere sie nur unbewusst wahrnimmt. Das gelingt in den seltensten Fällen. In der Folge schlägt die „positiv" gemeinte Geste ins Gegenteil um und der Gesprächspartner fühlt sich bedrängt und eingeengt – keine guten Voraussetzungen für das nachfolgende Gespräch. Aus dem gleichen Grund sollte die Hand des Gegenübers auch nicht mit beiden Händen ergriffen und geschüttelt werden. Diese Geste hat einen starken Über-/Unterordnungs-Charakter: Der „Stärkere" ergreift die Hand des „Schwächeren" und schließt diese in seine Hände ein.

Begrüßungen im privaten Umfeld

Zunächst beschäftigen wir uns mit den Begrüßungsritualen im privaten Bereich. Denn die Kenntnis dieser Abläufe ist unerlässlich, um Rückschlüsse auf das berufliche Umfeld ziehen zu können. Und außerdem kann man ja bekanntermaßen das Berufliche vom Privaten nicht streng trennen ...

Die Dame wird vor dem Herrn begrüßt. Treffen Sie auf ein Ehepaar, so wird die Frau vor dem Mann begrüßt. Bitte stören Sie sich nicht an dem Grundsatz, dass der Ranghöhere vor dem Rangniederen begrüßt wird. Das bedeutet in diesem Fall: Die Dame ist ranghöher als der Herr. Diese allgemeine Formulierung wird noch hilfreich sein, wenn anderen Kniffligkeiten ausgeknobelt werden, zum Beispiel wer eigentlich auf einer Treppe vorgehen darf.

Der Ältere wird vor dem Jüngeren begrüßt. So zum Beispiel, wenn Sie auf zwei Herren treffen. Dann begrüßen Sie zunächst den älteren Herrn und danach den jüngeren Herrn. Allgemein formuliert bedeutet das: Der Ältere ist ranghöher als der Jüngere. Das Gleiche gilt natürlich entsprechend, wenn Sie auf zwei Damen treffen.

Der Reihe nach begrüßen: Treffen Sie auf mindestens drei Personen, so können Sie der Reihe nach begrüßen. Sagen Sie dabei: „Ich darf Sie/euch der Reihe nach begrüßen ...", um zu verdeutlichen dass Sie sich bewusst für diese Begrüßungsvariante entschieden haben. Diese Regel ist insbesondere dann praktisch, wenn Sie einen größeren Personenkreis begrüßen wollen und die beiden vorab genannten Regeln nur schwerlich umsetzen könnten, ohne im Zickzack unterwegs zu sein und beim Versuch, die ganzen Fettnäpfchen zu umgehen, Schiffbruch erleiden könnten. Denn bedenken Sie: Der zuerst begrüßten Dame wird signalisiert, dass sie für die Ältere gehalten wird ...

Knifflig, knifflig ...

Nun stellen Sie sich vor, Sie treffen auf zwei Damen. Beim besten Willen können Sie nicht sagen, welche von den beiden die Ältere ist und von Ihnen zuerst begrüßt werden müsste. Die oben genannte Regel, dass der Reihe nach begrüßt werden kann, greift nicht, da es sich nur um zwei und keineswegs um drei Personen handelt. Was also tun? Diese Frage in einem Seminar zu stellen macht immer wieder großen Spaß. Denn es kommen die erstaunlichsten Ergebnisse heraus, wie man dieses „Problem" angehen könnte. Und es offenbaren sich die sonderbarsten Geschichten, wie diese Fragestellung in der Vergangenheit gelöst wurde. So antworten die Herren häufig, dass sie die attraktivere zuerst begrüßen oder diejenige, zu der sie zuerst Blickkontakt haben, oder die Dame, die ihnen räumlich gesehen näher steht oder ... oder ... oder. Aber: All diese Lösungen sind von Zufälligkeiten und nicht zuletzt von Subjektivität abhängig und können daher nicht richtig sein.

Um der korrekten Lösung auf die Spur zu kommen, hilft es, sich zu erinnern, dass die Herren einst edle Ritter waren und als solche kostbare Schwerter trugen. Das Schwert wurde von einem Ritter immer links getragen, damit es mit der rechten Hand gezogen werden konnte, wenn Not am Mann war. Damals hat es sich eingebürgert, dass das zugehörige Ritterfräulein stets rechts neben dem Beschützer unterwegs war. Und so kommt es, dass wir noch heute davon sprechen, dass der Platz rechts der Platz des Ranghöheren ist. Daraus folgt, dass ...

– ... die Frau rechts neben dem Mann steht, läuft oder sitzt,

– ... sich die ältere Frau rechts neben der jüngeren Frau beziehungsweise der ältere Mann rechts neben dem jüngeren Mann befindet.

Spiegelverkehrt gilt: Gehen Sie auf zwei Personen zu, so begrüßen Sie die beiden von Ihnen aus gesehen von links nach rechts. Dann grüßen Sie ganz automatisch den „Ranghöheren" zuerst!

Vorsicht, Fettnäpfchen!

Zwar liegt es an Ihnen, einen Ranghöheren zuerst zu grüßen. Wie Sie sich allerdings begrüßen, darf der Ranghöhere entscheiden: Geben Sie sich gegenseitig die Hand, nicken Sie sich nur freundlich zu oder nehmen Sie sich sogar in den Arm? Diese Entscheidung obliegt immer demjenigen, der die ranghöhere Stellung besitzt. Daraus folgt, dass im privaten Umfeld die Frau entscheidet, ob der Mann mit einem Handgeben oder mit Bussi-Bussi begrüßt wird. Ebenso gilt, dass zwischen Gleichgeschlechtlichen der/die Ältere über die Art der Begrüßung entscheiden darf.

Eine Ausnahme von der Regel gilt, wenn Sie Gäste begrüßen. Als Gastgeber strecken Sie Gästen die Hand entgegen – nicht umgekehrt! Das ist insofern ganz praktisch, weil dann der Gastgeber entscheiden kann, wie er alle Gäste begrüßen möchte. Denn schließlich sollte niemand ausgeschlossen werden, weil man sich nicht per Bussi-Bussi sondern „nur" per Handschlag begrüßt. Und als Gast können Sie unmöglich wissen, wie die vor Ihnen ankommenden Gäste begrüßt wurden, und demonstrieren somit erst einmal vornehme Zurückhaltung!

Und was ist, wenn Sie die Anwesenden schon teilweise kennen? Dann gehen Sie zuerst auf denjenigen zu, den Sie bereits zu Ihrem Bekanntenkreis zählen. In der Folge stellt Sie Ihr Bekannter seiner Begleitung vor oder Sie nehmen das gegebenenfalls eben selbst in die Hand.

Etwas komplizierter wird es, wenn zwei Paare aufeinandertreffen. Dann nämlich geht das große Rätselraten los, wer wem zuerst die Hand reicht und sich begrüßt. Daher sei schwarz auf weiß festgehalten:

– Zuerst begrüßen sich die beiden Damen.

– Dann begrüßen die Herren jeweils die andere Dame.

– Schließlich begrüßen sich die beiden Herren. Fertig.

Begrüßungen im beruflichen Umfeld

Im beruflichen Umfeld gelten etwas andere Spielregeln. Würden Sie die privaten Begrüßungsrituale im Business eins zu eins umsetzen, würde das zu seltsamen Abläufen führen. Dann nämlich müssten Sie die Sekretärin vor dem Geschäftsführer begrüßen oder eine Auszubildende vor dem Vorstandsvorsitzenden. Das kann natürlich nicht korrekt sein.

Im Business gilt nicht immer die Regel, dass „die Dame vor dem Herrn beziehungsweise der/die Ältere vor dem/der Jüngeren" zu begrüßen ist. Entscheidend ist in allererster Linie, wer die höhere berufliche Position innehat. Wer in der Hierarchie weiter oben steht, wird zuerst begrüßt. Folglich werden korrekterweise der Chef vor der Sekretärin und die Sekretärin vor der Auszubildenden begrüßt. Treffen Sie auf drei oder mehr Personen, so dürfen Sie auch hier der Reihe nach begrüßen. Sagen Sie dabei „Ich darf Sie der Reihe nach begrüßen ...", um zu verdeutlichen dass es sich dabei nicht um eine zufällig gewählte Begrüßungsvariante handelt.

Die privaten Begrüßungsgebote werden übrigens hilfsweise hinzugezogen, wenn sich Mitarbeiter auf der gleichen Hierarchieebene befinden. Das bedeutet: Treffen Sie auf zwei Kollegen, die beide die gleiche hierarchische Position innehaben, so begrüßen Sie den Älteren zuerst. Wissen Sie nicht, wer der Ältere ist, so begrüßen Sie von links nach rechts. Oder anders: Treffen Sie auf eine Kollegin und einen Kollegen der gleichen Position, so begrüßen Sie die Dame zuerst. Die Regel, dass die Dame vor dem Herrn beziehungsweise die/der Ältere vor dem/der Jüngeren begrüßt wird, kann also im Berufsleben hilfsweise zur Anwendung kommen.

Rechts vor links

Auch im Business gilt – im Andenken an die Schwertträger –, dass der rechte Platz dem Ranghöheren zusteht. Das bedeutet, dass die Chefin rechts neben dem Mitarbeiter geht. Haben Sie einen Gast im Unternehmen, so ist dieser automatisch der Ranghöhere – Sie könnten ihn ja nicht in der Firmenhierarchie ansiedeln. Deshalb läuft oder steht dann der Gast rechts neben Ihnen.

In Unternehmen mit nicht mehr ganz jungen Führungspersönlichkeiten (um es mal vorsichtig auszudrücken) lässt es sich der Senior-Chef oft nicht nehmen, der Mitarbeiterin zum Beispiel die Tür aufzuhalten oder ihr bei der Begrüßung den Vortritt zu lassen. Obwohl es genau umgekehrt richtig wäre, müssen Sie die Einhaltung der Knigge-Regeln nicht übers Knie brechen. Begegnet Ihnen so ein Fall, dann nehmen Sie das gut gemeinte Angebot einfach freundlich an und belehren Ihr Gegenüber nicht über die aktuellen Benimmregeln.

Vorsicht Falle

Zwar liegt es an Ihnen, einen Ranghöheren zuerst zu grüßen. Wie Sie sich allerdings begrüßen, darf der Ranghöhere entscheiden: Geben Sie sich die Hand oder grüßen Sie nur verbal? Diese Entscheidung obliegt immer demjenigen, der die ranghöhere Stellung besitzt. Daraus folgt beispielsweise, dass Ihr Chef entscheidet, ob Sie sich gegenseitig die Hand reichen. Sie selbst grüßen zwar, gehen aber nicht mit ausgestrecktem Arm auf den Vorgesetzten zu!

Vorstellungsrituale im privaten und beruflichen Bereich

Genau genommen beginnt eine Vorstellung oftmals mit einer gelungenen Selbstvorstellung. Denn wie wollen Sie andere formvollendet einander vorstellen, wenn es Ihnen schon schwerfällt, sich selbst in Szene zu setzen? Wie bereits erwähnt mutet der Satz „Guten Tag, ich bin der Herr Schmidt ..." ein wenig unbeholfen an und kann wohl kaum die optimale Lösung sein. Ich empfehle, die folgenden Regeln für eine gelungene Selbstvorstellung zu beherzigen:

- Achten Sie auf eine positive Körpersprache. Lächeln und Blickkontakt sind die halbe Miete.

- Eine bewährte Formulierung lautet: „Guten Tag – darf ich mich vorstellen – mein Name ist ..." oder „Hallo – darf ich mich vorstellen – ich bin ..." oder „Guten Abend – ich bin ...". Erfahrungsgemäß verkürzt sich der Satz, wenn man schon eine Reihe von Personen nacheinander begrüßt und sich dabei vorgestellt hat. So sagt man dann irgendwann zu einem der Anwesenden „nur" noch „Peter Schmidt, guten Abend" – und das ist in Ordnung.

– Stellen Sie sich entweder mit Vor- und Zunamen („Peter Schmidt") oder nur mit Zunamen („Schmidt") vor. Bitte streichen Sie Formulierungen wie „Ich bin der Herr Schmidt" aus Ihrem Wortschatz. Dass Sie Mann oder Frau sind, kann Ihr Gegenüber selbst erkennen

– Wenn Sie ein Namensschild tragen, entbindet Sie das nicht von der Verpflichtung, sich selbst mit Namen vorzustellen. Man tut nämlich so, als würde das Namensschild nicht existieren. Daraus folgt auch, dass Sie Ihr Gegenüber, das Sie gerade neu kennenlernen, nicht schon mit dem (am Namensschild abgelesenen) Nachnamen begrüßen. Der andere kann sich dann nämlich nicht mehr selbst vorstellen, weil Sie ihm seinen Satz schon abgenommen haben – wie unhöflich!

– Verfügen Sie über einen Doktortitel, so stellen Sie sich selbst ohne diesen vor. Das Überreichen Ihrer Visitenkarte kann dann später immer noch sicherstellen, dass der andere von Ihrer Promotion erfährt ...

– Von der Reihenfolge her halten Sie sich beim Vorstellen an die gleichen Regeln wie beim reinen Begrüßen: Man stellt sich dem Ranghöchsten zuerst vor. Ab drei Personen dürfen Sie sich den Anwesenden der Reihe nach vorstellen.

Andere einander vorstellen

Wenn Sie andere einander vorstellen möchten, dann müssen Sie die Namen Ihrer Gegenüber kennen. Oft werde ich in meinen Seminaren gefragt, was denn sei, wenn man den Namen vergessen hätte. Das ist ganz und gar nicht gut! Denn dafür gibt es keine „Erste-Hilfe-Regel". Deshalb gilt: Schenken Sie dem Namen des Gegenübers maximale Aufmerksamkeit. Sollten Sie beim ersten Kennenlernen den Namen nicht vollständig verstanden haben, so fragen Sie sofort nach. Das ist immer besser, als sich am Ende des Gesprächs erkundigen zu müssen, mit wem man es eigentlich zu tun hatte. Und außerdem: Sie sind in guter Gesellschaft: Die meisten Menschen haben Probleme einen Namen auf Anhieb zu verstehen – nur haben die wenigsten den Mut nachzufragen. Das weiß der andere auch – insbesondere wenn er einen wirklich komplizierten Namen hat. Wenn Sie einen Namen nicht verstanden haben, so fragen Sie bitte nicht nach, indem Sie sagen „Wie war Ihr Name noch einmal?". Denn der betreffende Name IST immer noch und gehört keineswegs der Vergangenheit an. Sagen Sie stattdessen besser: „Entschuldigung, leider habe ich Ihren Namen akustisch nicht richtig verstanden ..." oder „Wären Sie so freundlich mir noch einmal Ihren Namen zu verraten. Leider habe ich ihn vorhin akustisch nicht richtig verstanden ...". Etwas „akustisch" nicht richtig zu verstehen ist die ideale Formulierung, mit der Sie weder dem anderen Schuld zuschieben, weil er nicht deutlich gesprochen hat, noch sich selbst als unaufmerksamen Zuhörer darstellen.

„Darf ich vorstellen ...?"

Wenn Sie andere einander vorstellen, so darf der Ranghöchste immer zuerst erfahren, mit wem er es zu tun hat. Das bedeutet:

- Der Ranghöhere bekommt den Rangniederen vorgestellt. Privat wird einer Frau der Mann vorgestellt. Beruflich bestimmt die Hierarchie, wer der Ranghöhere ist: Dem Kunden wird der Kollege vorgestellt.

- Sie sagen beim Vorstellen: „Ursula, darf ich dir Herrn Maier vorstellen? Herr Maier – Ursula Schmidt."

- Informeller ist die Formulierung „Darf ich bekannt machen?". Diese kann unter Gleichrangigen oder im privaten Bereich verwendet werden.

- Schön ist, wenn Sie zusätzlich zur Namensnennung noch weitere Details preisgeben. Zum Beispiel „Ursula ist eine meiner besten Freundinnen – wir kennen uns schon seit Kindertagen. Herr Maier ist unser neuer Nachbar. Er ist mit seiner Familie in das Haus gegenüber gezogen." Auf diese Art und Weise tun sich die Vorgestellten mit dem anschließenden Smalltalk deutlich leichter, da Sie Ihnen schon zahlreiche Anknüpfungspunkte wie Kinderfreundschaften, Nachbarschaft, Umzug, neue Stadt etc. geliefert haben.

Üben Sie das Vorstellen wann immer es möglich ist. Gerade im informellen Bereich tut man sich damit leichter und kann den Ernstfall für das Business proben.

Sonderfall: Gruppen

Steuert ein Bekannter auf Sie zu, während Sie sich gerade mit anderen Anwesenden unterhalten, dann liegt es an Ihnen, Ihren Bekannten und den Kreis miteinander bekannt zu machen beziehungsweise einander vorzustellen. Um die Angelegenheit möglichst unkompliziert zu gestalten, empfiehlt sich die folgende Vorgehensweise:

– Sie begrüßen zunächst Ihren Bekannten.

– Dann wenden Sie sich an die Runde und sagen: „Darf ich Ihnen meinen guten Freund Max Meier vorstellen?"

– Dann wenden Sie sich an Max Meier und sagen: „Max, darf ich dir vorstellen: Frau Maier aus unserer Personalabteilung, Herr Schulze aus dem Vertrieb und Herr Fritz, mein neuer Kollege." Während Sie jeweils die einzelnen Personen vorstellen, reichen sich die beiden Vorgestellten die Hand.

Anschriften und Anreden

Das Vorstellen und Begrüßen mag zwar schon nicht ganz unkompliziert erscheinen, richtig knifflig wird es aber, wenn Ihr Gegenüber einen oder womöglich mehrere schöne Titel hat. Dann nämlich gerät man schnell ins Schleudern, wenn es darum geht, den anderen korrekt anzusprechen. Und wer jetzt meint, dass das nicht so wichtig ist, der täuscht sich gewaltig. Den meisten Inhabern von Titeln ist es wichtig, dass sie korrekt angeredet werden, und das zu Recht. Grundsätzlich gilt:

– Die Anredeformen „Frau" und „Herr" sind immer anzuwenden, auch wenn der Name mit einer Amts- oder Funktionsbezeichnung oder einem Titel kombiniert wird. Bei weiblichen Personen ist auch die weibliche Form anzuwenden, zum Beispiel Frau Vorsitzende. Eine Ausnahme bestätigt hierbei jedoch die Regel: Frau Doktor bleibt Frau Doktor, eine „Doktorin" gibt es nämlich nicht.

– Heutzutage wird nicht mehr im Standesamt promoviert: Nur die Person hat Anspruch auf einen Titel oder akademischen Grad, die diesen auch erlangt hat. Die Anrede für die Ehefrau des Professors ist daher nicht „Frau Professor".

– Die Anrede „Fräulein" war einst eine durchaus gebräuchliche Anrede für unverheiratete Frauen. Heute gilt: „Die Anredeform Fräulein ist grundsätzlich nur auf ausdrücklichen Wunsch zu verwenden."[9]

Wer schreibt, der bleibt ...

... und daher empfiehlt es sich bei einem Schreiben ganz besonders auf eine korrekte Anrede zu achten. Im Folgenden finden Sie sehr detaillierte Hinweise zu Anschrift und Anrede. Ich habe mich für diese genaue Darstellung entschieden, weil ich aus eigener Erfahrung weiß, wie schwierig es ist, wirklich fundierte Empfehlungen zu finden. Und da man meistens nicht jeden Tag einem „Herrn von und zu" oder einem Bundesminister über den Weg läuft, fällt es einem erst recht schwer, die richtigen Worte zu finden, wenn es darauf ankommt. Beobachten Sie einmal auf Veranstaltungen oder Festlichkeiten, wie die Teilnehmer die Ohren spitzen, wenn ein Adeliger angeredet wird, und dann dem – mehr oder minder – guten Vorbild Folge leisten und den Hochwohlgeborenen mit der gleichen Formulierung ansprechen. Bleibt jedes Mal nur zu hoffen, dass der Vorgänger wusste, wie die richtigen Worte lauten – was sehr oft nicht der Fall ist. Damit Sie nicht ins Fettnäpfchen treten, finden Sie im Folgenden korrekten Formulierungshinweise für Anschreiben und Anreden privater und beruflicher Natur.

Für die Gestaltung der formellen Anschrift kommen drei Alternativen in Betracht:

Erste Möglichkeit:
    Amts-, Berufs- oder Funktionsbezeichnung
    Anrede, Titel, akademischer Grad, Vorname, Nachname
    Straße, Hausnummer (oder Postfach)
    Postleitzahl, Ort

---

9) Vgl. Kapitel 3 – Hinweise für Anschriften und Anreden in: *Allgemeine Grundsätze, Ratgeber für Anschriften und Anreden*, Bundesministerium des Innern, Oktober 2004.

Beispiel:

> *Vorsitzende des Aufsichtsrates der Meier AG*
> *Frau Prof. Dr. Ulla Schneider*
> *Hauptstraße 1*
> *12345 Musterstadt*

Zweite Möglichkeit

Anrede
Amts-, Berufs- oder Funktionsbezeichnung
Titel, akademischer Grad, Vorname, Nachname
Straße, Hausnummer (oder Postfach)
Postleitzahl, Ort

Beispiel:

> *Frau*
> *Vorsitzende des Aufsichtsrates der Meier AG*
> *Prof. Dr. Ulla Schneider*
> *Hauptstraße 1*
> *12345 Musterstadt*

Dritte Möglichkeit

Anrede
Titel, akademischer Grad, Vorname, Nachname
Amts-, Berufs- oder Funktionsbezeichnung
Straße Hausnummer (oder Postfach)
Postleitzahl Ort

Beispiel:

> *Frau*
> *Prof. Dr. Ulla Schneider*
> *Vorsitzende des Aufsichtsrates der Meier AG*
> *Hauptstraße 1*
> *12345 Musterstadt*

Empfehlung: Welche der dargestellten Varianten Sie wählen, hängt von dem Inhalt Ihres Schreibens ab. Handelt es sich um ein persönliches Schreiben an die natürliche Person des Empfängers, so verwenden Sie die Möglichkeit drei und nennen zuerst die Anrede, den Titel und den Namen des Empfängers. Handelt es sich um ein Schreiben mit beruflichem Charakter beziehungsweise Bezug zur Position, entscheiden Sie sich für Variante eins oder zwei. Hat der Empfänger mehrere Funktionen inne, lässt sich durch die ausgewählte Funktion auf dem Adressfeld für ihn erkennen, in welchem Zusammenhang das Schreiben steht.

Die Formulierung „zu Händen" beziehungsweise abgekürzt „z. Hd." gilt heutzutage als veraltet und wird nicht mehr auf dem Adressfeld vermerkt. Ebenso ist es überflüssig „Firma" hinzuzufügen, wenn aus der Adresse doch hervorgeht dass es sich um ein Unternehmen handelt.

Mehrere Empfänger – und nun?

Im Business wird die Reihenfolge der Namensnennung durch die unternehmenseigene Hierarchie bestimmt. Der Ranghöhere wird zuerst angesprochen. Befinden sich die Kollegin und der Kollege auf der gleichen Rangstufe, so wird die Dame zuerst genannt.

Im privaten Bereich gilt, um es salopp auszudrücken: Ob Ehe, eingetragene Partnerschaft oder nichteheliche Lebensgemeinschaften – die persönlichen Verhältnisse sind für den Briefträger unerheblich. Daher werden diese auf dem Adressfeld nicht genannt und auf die Anrede „Eheleute" wird beispielsweise verzichtet. Stattdessen werden beide Partner einzeln als Adressat mit ihrem jeweiligen eigenen Namen, zum Beispiel „Herrn (Leon) Meier und Frau (Marie) Schmidt" genannt. Ist der Nachname identisch, dann kann man auch folgenden Schreibweisen wählen:

- Herrn Peter Schneider und Frau Sabine Schneider

- Herrn und Frau Schneider

Ist eine Familie der Adressat, werden idealerweise die Namen aller Familienmitglieder genannt, das älteste Kind zuerst und das jüngste zum Schluss:

> Herrn Peter Schneider
> Frau Sabine Schneider
> Julian, Elias und Cosima Schneider

Folgt man der modernen Variante so wird zuerst die Frau vor dem Mann auf dem Adressfeld genannt, also zum Beispiel:

Frau Sabine Schneider
Herrn Peter Schneider
Julian, Elias und Cosima Schneider

Ob Sie die traditionelle oder moderne Variante des Adressfeldbeschriftung wählen, machen Sie am besten vom Empfänger abhängig. Gibt es zu viele Familienmitglieder, können Sie alternativ auch „nur" die Eltern angeschrieben werden, indem Sie formulieren: „Familie Peter und Sabine Schneider". Unüblich ist dagegen die Anschrift „Familie Peter Schneider". Wenn bei einer Familie die (Ehe-)Partner unterschiedliche Nachnamen tragen schreiben Sie: Familie Leon Meier und Frau Marie Schmidt.

Heutzutage taucht häufig die Frage auf, wie eingetragenen Lebenspartnerschaft angeschrieben werden. Zum Beispiel: „Frau Julia König und Frau Anna König" oder „Herrn Jörg Klein und Herrn Thorsten Klein". Die Reihenfolge der Genannte orientiert sich am Bekanntheitsgrad. Ist Ihnen Frau Julia König bekannt, so nennen Sie diese Dame zuerst, andernfalls halten Sie sich an die alphabetische Reihenfolge.

Ein kinderloses (Ehe-) Paar oder ein gleichgeschlechtliches Paar werden nicht als „Familie" angeschrieben!

Schlussformel

Bei der Schlussformel ist entscheidend, ob es sich um ein Schreiben aus offiziellem Anlass oder aus privaten Beweggründen handelt. Privat wählen Sie eine Formulierung, die dem persönlichen Umgang miteinander entspricht, zum Beispiel:

- Mit herzlichen Grüßen
- Viele Grüße
- Beste Grüße

Bei beruflichen Anlässen wählen Sie die offiziellen Formulierungen wie:

- Mit freundlichen Grüßen
- Mit vorzüglicher Hochachtung
- Mit ausgezeichneter Hochachtung

Haben Sie mit einem Geschäftspartner regelmäßigen Schriftkontakt, dann sind lockere Formulierungen wie „Viele Grüße" etc. natürlich denkbar. Bei offiziellen Schreiben wählen Sie jedoch bitte ausschließlich die offiziellen Varianten.

Namensschilder beschriften

Auf Namensschilder werden üblicherweise geschrieben:

- Akademischer Titel
- Adelstitel (sofern vorhanden)
- Vor- und Nachname

Funktionsbezeichnungen sollten auf einer Teilnehmerliste vermerkt werden, die alle Anwesenden einsehen können. Nehmen Sie nämlich diese Informationen auch noch ins Namensschild auf, wirkt dieses schnell überfrachtet.

Schriftliche Anrede und mündliche Anrede

Wenn man die Adressierung gemeistert hat, fragt man sich natürlich, wie denn nun in einem Brief die korrekte Anrede zu lauten hat. Eines macht die Sache ein klein wenig einfacher: Die Anrede in einem Brief ist zumeist gleichlautend wie die mündliche Anrede. Daraus folgt, dass sich Rangunterschiede auch in der schriftlichen Anrede niederschlagen. So wird der Vorgesetzte vor der Mitarbeiterin angesprochen beziehungsweise angeschrieben:

> Sehr geehrter Herr Maier,
> sehr geehrte Frau Schmidt,

Achten Sie zwingend darauf, dass der Professor in der schriftlichen Anrede ausgeschrieben wird: „Sehr geehrter Herr Professor Schmidt". Auf dem Adressfeld heißt es abgekürzt lediglich „Herrn Prof. Walter Schmidt".

Der Doktorentitel dagegen wird immer abgekürzt verwendet. Dementsprechend heißt es im Adressfeld „Herrn Dr. Markus Merkle" und in der schriftlichen Anrede „Sehr geehrter Herr Dr. Merkle".

Im Folgenden finden Sie Hinweise dazu, wie man Amts- und Würdenträger korrekt anschreibt. Denn gerade in diesem Punkt geistern die merkwürdigsten Varianten herum. Die Hinweise orientieren sich an der existierenden DIN-Norm (jawohl, die gibt es!) und an Empfehlungen des Bundesministeriums des Innern. Beides sehr verlässliche Quellen, denen Sie beruhigt folgen können:

Bundespolitik

Bundespräsidentin

Name:	Waltraud Schmidt
Briefanschrift:	Frau Bundespräsidentin
	Waltraud Schmidt
Briefanrede:	Hochverehrte Frau Bundespräsidentin
	Sehr verehrte Frau Bundespräsidentin
Mündliche Anrede:	Frau Bundespräsidentin
Schlussformel:	Mit dem Ausdruck meiner ausgezeichneten/ vorzüglichen Hochachtung
	Mit ausgezeichneter/vorzüglicher Hochachtung

Ehemaliger Bundespräsident (Bundespräsident a. D.)

Name:	Dr. Werner Bayer
Briefanschrift:	Herrn
	Dr. Werner Bayer
	Bundespräsident a. D.
Briefanrede:	Sehr verehrter Herr Dr. Bayer
Mündliche Anrede:	Herr Dr. Bayer
Schlussformel:	Mit ausgezeichneter/vorzüglicher Hochachtung
	Mit freundlichen Grüßen

Bundeskanzler

Name:	Dr. Dr. Heinrich Sommer
Briefanschrift:	Herrn Bundeskanzler Dr. Dr. Heinrich Sommer
Briefanrede:	Sehr verehrter Herr Bundeskanzler Sehr geehrter Herr Bundeskanzler
Persönliche Anrede:	Herr Bundeskanzler
Schlussformel:	Mit ausgezeichneter Hochachtung Mit vorzüglicher Hochachtung

Ehemalige Bundeskanzlerin (im öffentlichen Leben stehend)

Name:	Constanze Herbst
Briefanschrift:	Mitglied des Deutschen Bundestages Frau Constanze Herbst
Briefanrede:	Sehr geehrte Frau Abgeordnete
Persönliche Anrede:	Frau Abgeordnete Frau Herbst
Schlussformel:	Mit ausgezeichneter Hochachtung Mit vorzüglicher Hochachtung Mit freundlichen Grüßen

Ehemalige Bundeskanzlerin (nicht im öffentlichen Leben stehend)

Name:	Constanze Herbst
Briefanschrift:	Frau Constanze Herbst Bundeskanzlerin a. D.
Briefanrede:	Sehr geehrte Frau Herbst
Persönliche Anrede:	Frau Herbst
Schlussformel:	Mit ausgezeichneter Hochachtung Mit vorzüglicher Hochachtung Mit freundlichen Grüßen

Bundesministerin für Familie, Senioren, Frauen und Jugend

Name: Frau Dr. Annemarie Winter

Briefanschrift: Bundesministerin für Familie, Senioren, Frauen und Jugend
Frau Dr. Annemarie Winter

Briefanrede: Sehr geehrte Frau Bundesministerin

Persönliche Anrede: Frau Bundesministerin
Frau Ministerin

Schlussformel: Mit ausgezeichneter Hochachtung
Mit vorzüglicher Hochachtung
Mit freundlichen Grüßen

Staatsminister im Auswärtigen Amt

Name: Dr. Hans Keller

Briefanschrift: Staatsminister im Auswärtigen Amt
Herrn Dr. Hans Keller

Briefanrede: Sehr geehrter Herr Staatsminister

Persönliche Anrede: Herr Staatsminister

Schlussformel: Mit vorzüglicher Hochachtung
Mit freundlichen Grüßen

Parlamentarische Staatssekretärin im Bundesministerium der Finanzen

Name: Dr. Monika Mahler

Briefanschrift: Parlamentarische Staatssekretärin beim Bundesminister der Finanzen
Frau Dr. Monika Mahler

Briefanrede: Sehr geehrte Frau Parlamentarische Staatssekretärin

Persönliche Anrede: Frau Staatssekretärin

Schlussformel: Mit vorzüglicher Hochachtung
Mit freundlichen Grüßen

Staatssekretär im Bundesministerium des Innern

Name:	Dr. Hugo Haas
Briefanschrift:	Staatssekretär des Bundesministeriums des Innern Herrn Dr. Hugo Haas

Falls es mehrere Staatssekretäre gibt, heißt es in der Briefanschrift:

Staatssekretär **im** Bundesministerium des Innern
Herrn Dr. Hugo Haas

Briefanrede:	Sehr geehrter Herr Staatssekretär
Persönliche Anrede:	Herr Staatssekretär
Schlussformel:	Mit vorzüglicher Hochachtung Mit freundlichen Grüßen

Fraktionsvorsitzende

Name:	Dr. Klara Kaiser
Briefanschrift:	Vorsitzende der Fraktion der ABC-Partei im Deutschen Bundestag Frau Dr. Klara Kaiser
Briefanrede:	Sehr geehrte Frau Vorsitzende Sehr geehrte Frau Abgeordnete Sehr geehrte Frau Dr. Kaiser
Mündliche Anrede:	Frau Vorsitzende Frau Abgeordnete Frau Dr. Kaiser
Schlussformel:	Mit vorzüglicher Hochachtung Mit freundlichen Grüßen

Parlamentarischer Geschäftsführer

Name:	Anton Klein
Briefanschrift:	Parlamentarischen Geschäftsführer der Fraktion der ABC-Partei im Deutschen Bundestag Herrn Anton Klein

Briefanrede:	Sehr geehrter Herr Abgeordneter
	Sehr geehrter Herr Klein
Persönliche Anrede:	Herr Abgeordneter
	Herr Klein
Schlussformel:	Mit vorzüglicher Hochachtung
	Mit freundlichen Grüßen

Mitglied des Deutschen Bundestages

Name:	Dr. Annemarie Groß
Briefanschrift:	Mitglied des Deutschen Bundestages
	Frau Dr. Annemarie Groß
Briefanrede:	Sehr geehrte Frau Abgeordnete
	Sehr geehrte Frau Dr. Groß
Persönliche Anrede:	Frau Abgeordnete
	Frau Dr. Groß
Schlussformel:	Mit vorzüglicher Hochachtung
	Mit freundlichen Grüßen

Landespolitik

Ministerpräsident (Bayern)

Name:	Dr. Ludwig Becker
Briefanschrift:	Ministerpräsidenten des Freistaates Bayern
	Herrn Dr. Ludwig Becker
Briefanrede:	Sehr geehrter Herr Ministerpräsident
Persönliche Anrede:	Herr Ministerpräsident
Schlussformel:	Mit vorzüglicher Hochachtung
	Mit freundlichen Grüßen

Ministerin des Landes Baden-Württemberg

Name: Dr. Paula Klein

Briefanschrift: Ministerin für Kultur, Jugend und Sport des Landes
Baden-Württemberg
Frau Dr. Paula Klein

Briefanrede: Sehr geehrte Frau Ministerin

Persönliche Anrede: Frau Ministerin

Schlussformel: Mit vorzüglicher Hochachtung
Mit freundlichen Grüßen

Kommunalpolitik

Landrätin

Name: Berta Benz

Briefanschrift: Landrätin des Landkreises Ludwigsburg
Frau Berta Benz

Briefanrede: Sehr geehrte Frau Landrätin

Persönliche Anrede: Frau Landrätin

Schlussformel: Mit vorzüglicher Hochachtung
Mit freundlichen Grüßen

Oberbürgermeister

Name: Dr. Thomas Berg

Briefanschrift: Oberbürgermeister der Stadt Stuttgart
Herrn Dr. Thomas Berg

Briefanrede: Sehr geehrter Herr Oberbürgermeister

Persönliche Anrede: Herr Oberbürgermeister

Schlussformel: Mit vorzüglicher Hochachtung
Mit freundlichen Grüßen

97

Politische Parteien

Parteivorsitzender der ABC-Partei

Name:	Dr. Markus Berger
Briefanschrift:	Vorsitzender der ABC-Partei Herrn Dr. Markus Berger
Briefanrede:	Sehr geehrter Herr Dr. Berger Sehr geehrter Herr Vorsitzender
Persönliche Anrede:	Herr Dr. Berger Herr Vorsitzender
Schlussformel:	Mit vorzüglicher Hochachtung Mit freundlichen Grüßen

Generalsekretärin der ABC-Partei

Name:	Julia Burger
Briefanschrift:	Generalsekretärin der ABC-Partei Frau Julia Burger
Briefanrede:	Sehr geehrte Frau Generalsekretärin Sehr geehrte Frau Burger
Persönliche Anrede:	Frau Generalsekretärin Frau Burger
Schlussformel:	Mit vorzüglicher Hochachtung Mit freundlichen Grüßen

Justiz, Gerichte

Präsidentin des Finanzgerichts (auch Amts-, Kammer-, Land-, Arbeits-, Sozial- und Verwaltungsgerichte)

Name:	Dr. Irmgard Weber
Briefanschrift:	Präsidentin des Finanzgerichts Frau Dr. Irmgard Weber
Briefanrede:	Sehr geehrte Frau Präsidentin
Persönliche Anrede:	Frau Präsidentin

Schlussformel: Mit vorzüglicher Hochachtung
Mit freundlichen Grüßen

Leitender Oberstaatsanwalt beim Landgericht Stuttgart

Name: Dr. Friedrich Wagner

Briefanschrift: Leitenden Oberstaatsanwalt beim Landgericht Stuttgart
Herrn Dr. Friedrich Wagner

Briefanrede: Sehr geehrter Herr Leitender Oberstaatsanwalt

Persönliche Anrede: Herr Leitender Oberstaatsanwalt

Schlussformel: Mit vorzüglicher Hochachtung
Mit freundlichen Grüßen

Rechtsanwältin

Name: Dr. Dr. Juliane Schneider-König

Briefanschrift: Rechtsanwältin
Frau Dr. Dr. Juliane Schneider-König

Briefanrede: Sehr geehrte Frau Rechtsanwältin
Sehr geehrte Frau Dr. Dr. Schneider-König

Persönliche Anrede: Frau Dr. Schneider-König

Schlussformel: Mit freundlichem Gruß
Mit freundlichen Grüßen

Während der Gerichtsverhandlung werden die amtierenden Personen im Gericht auf keinen Fall „nur" mit ihrem Namen angesprochen. Im Gerichtssaal vertreten sie eine Institution und sind keine Privatperson. So lautet die korrekte Anrede für den Richter „Frau Vorsitzende" beziehungsweise „Herr Vorsitzender". Der Vertreter der Anklage wird mit seiner Amtsbezeichnung „Frau Staatsanwältin" beziehungsweise „Herr Staatsanwalt" angesprochen. Für den Verteidiger gilt während der Verhandlung entsprechend die Anrede „Frau Rechtsanwältin" beziehungsweise „Herr Rechtsanwalt" oder „Frau Verteidigerin" beziehungsweise „Herr Verteidiger".

Diplomatie

Botschafterin

Name:	Dr. Dr. Anne Gordon
Briefanschrift:	Ihrer Exzellenz der Botschafterin von XYZ-Land Frau Dr. Dr. Anne Gordon
Briefanrede:	Exzellenz Sehr geehrte Frau Botschafterin
Persönliche Anrede:	Exzellenz Frau Botschafterin
Schlussformel:	Mit ausgezeichneter Hochachtung Mit vorzüglicher Hochachtung Mit freundlichen Grüßen

Die Ehepartner der in Deutschland akkreditierten Botschafter/innen werden nicht (mehr) mit „Exzellenz" angeredet. Entsprechend der internationalen Praxis wird der Botschafter und seine Ehefrau als „Seine Exzellenz, der Botschafter von Argentinien, und Frau Smith" vorgestellt.

Generalkonsul

Name:	Dr. Karl-Friedrich Wild
Briefanschrift:	Generalkonsul der Vereinigten Inseln Herrn Dr. Karl-Friedrich Wild
Briefanrede:	Sehr geehrter Herr Generalkonsul
Persönliche Anrede:	Herr Generalkonsul Herr Dr. Wild
Schlussformel:	Mit vorzüglicher Hochachtung Mit freundlichen Grüßen

Honorarkonsulin

Name:	Katja Verena Burg
Briefanschrift:	Honorarkonsulin der Vereinigten Inseln Frau Katja Verena Burg
Briefanrede:	Sehr geehrte Frau Burg

Persönliche Anrede:	Frau Burg
Schlussformel:	Mit vorzüglicher Hochachtung
	Mit freundlichen Grüßen

Universitäten und Hochschulen

Präsidentin der Universität Hohenlohe

Name:	Prof. Dr. Constanze Schlecht
Briefanschrift:	Präsidentin der Universität Hohenlohe
	Frau Prof. Dr. Constanze Schlecht
Briefanrede:	Sehr geehrte Frau Präsidentin
Persönliche Anrede:	Frau Präsidentin
	Frau Professorin
Schlussformel:	Mit vorzüglicher Hochachtung
	Mit freundlichen Grüßen

Rektor der Hochschule für Medien

Name:	Prof. Dr. h. c. Gotthold Weiss
Briefanschrift:	Rektor der Hochschule für Medien
	Herrn Prof. Dr. h. c. Gotthold Weiss
Briefanrede:	Sehr geehrter Herr Rektor
Persönliche Anrede:	Herr Professor
Schlussformel:	Mit vorzüglicher Hochachtung
	Mit freundlichen Grüßen

Dekan der Fakultät Erziehungswissenschaften der Universität Stuttgart

Name:	Prof. Dr. phil. habil. Julian Roth
Briefanschrift:	Dekan der Fakultät Erziehungswissenschaften der Universität Stuttgart
	Herrn Prof. Dr. phil. habil. Julian Roth
Briefanrede:	Sehr geehrter Herr Professor
	Sehr geehrter Herr Professor Roth

Persönliche Anrede:	Herr Professor
	Herr Professor Roth
Schlussformel:	Mit vorzüglicher Hochachtung
	Mit freundlichen Grüßen

Religionsgemeinschaften

Kardinal der Katholischen Kirche

Name:	Dr. Benedikt Mayer
Briefanschrift:	Seiner Eminenz *oder*
	Seiner Eminenz dem Hochwürdigsten
	Herrn Benedikt Kardinal Mayer
	Erzbischof/Bischof von Stuttgart
Briefanrede:	Eminenz
	Sehr verehrter Herr Kardinal
Persönliche Anrede:	Herr Kardinal
	Eminenz
Schlussformel:	Mit dem Ausdruck meiner ausgezeichneten
	Hochachtung
	Mit ausgezeichneter Hochachtung

Bei Kardinälen fallen in der Anschrift alle akademischen Titel weg. Auch ist in Deutschland die Anrede „Eminenz" für Kardinäle und „Exzellenz" für Bischöfe im Allgemeinen nicht üblich, auf die Bezeichnung „Hochwürden" bei Geistlichen wird verzichtet.

Bischof der Katholischen Kirche

Name:	Dr. Konrad Burger
Briefanschrift:	Seiner Exzellenz
	Herrn Dr. Konrad Burger
	Bischof von Stuttgart
Briefanrede:	Exzellenz
	Sehr geehrter Herr Bischof
Persönliche Anrede:	Exzellenz
	Herr Bischof
Schlussformel:	Mit dem Ausdruck meiner vorzüglichen Hochachtung

Dekanin der Evangelischen Kirche

Name:	Anna Jäger
Briefanschrift:	Frau Dekanin
	Anna Jäger
Briefanrede:	Sehr geehrte Frau Dekanin
Persönliche Anrede:	Frau Dekanin
	Frau Jäger
Schlussformel:	Mit vorzüglicher Hochachtung
	Mit freundlichen Grüßen

Pfarrer der Evangelischen Kirche

Name:	Dr. Josef Huber
Briefanschrift:	Herrn Pfarrer
	Dr. Josef Huber
Briefanrede:	Sehr geehrter Herr Pfarrer
Persönliche Anrede:	Herr Pfarrer
	Herr Dr. Huber
Schlussformel:	Mit vorzüglicher Hochachtung
	Mit freundlichen Grüßen

Wirtschaft

Aufsichtsratsvorsitzende

Name:	Dr. Juliane König-Kaiser
Briefanschrift:	Frau Dr. Juliane König-Kaiser
	Vorsitzende des Aufsichtsrates der ABC-AG
Briefanrede:	Sehr geehrte Frau Dr. König-Kaiser
Persönliche Anrede:	Frau Dr. König-Kaiser
Schlussformel:	Mit freundlichen Grüßen

Vorstandsvorsitzende der Bank AG

Name:	Dr. Mareike Reich
Briefanschrift:	Frau Dr. Mareike Reich
	Vorsitzende des Vorstandes der Bank AG
Briefanrede:	Sehr geehrte Frau Dr. Reich
Persönliche Anrede:	Frau Dr. Reich
Schlussformel:	Mit freundlichen Grüßen

Vorstandsmitglied der 123 AG

Name:	Dr. Kurt Metzger
Briefanschrift:	Herrn Direktor Dr. Kurt Metzger
	Mitglied des Vorstandes der 123 AG
Briefanrede:	Sehr geehrter Herr Dr. Metzger
	Briefanrede wenn kein akademischer Titel:
	Sehr geehrter Herr Direktor Metzger
Persönliche Anrede:	Herr Dr. Metzger
Schlussformel:	Mit freundlichen Grüßen

Bei einer AG ist jedes Vorstandsmitglied „Direktor/Direktorin", aber nicht jeder Direktor ist Mitglied des Vorstands!

Direktorin

Name:	Nicole Bäcker
Briefanschrift:	Frau Nicole Bäcker
	Direktorin der 123 AG
Briefanrede:	Sehr geehrte Frau Direktorin
	Sehr geehrte Frau Bäcker
Persönliche Anrede:	Frau Bäcker
Schlussformel:	Mit freundlichen Grüßen

Prokuristin

Name: Claudia Bauer

Briefanschrift: Frau Claudia Bauer
                       Prokuristin der 123 AG

Briefanrede: Sehr geehrte Frau Bauer

Persönliche Anrede: Frau Bauer

Schlussformel: Mit freundlichen Grüßen

Betriebsratsvorsitzender

Name: Dr. Karl Kaiser

Briefanschrift: Herrn Dr. Karl Kaiser
                       Vorsitzender des Betriebsrates der 123 AG

Briefanrede: Sehr geehrter Herr Dr. Kaiser

Persönliche Anrede: Herr Dr. Kaiser

Schlussformel: Mit freundlichen Grüßen

Verbands-Hauptgeschäftsführerin

Name: Dr. Sabine Hoffmann

Briefanschrift: Frau Dr. Sabine Hoffmann
                       Hauptgeschäftsführerin des Handelsverbandes
                       Baden-Württemberg

Briefanrede: Sehr geehrte Frau Dr. Hoffmann

Persönliche Anrede: Frau Dr. Hoffmann

Schlussformel: Mit freundlichen Grüßen

Akademische Titel

Promotion und/oder Habilitation

Name: Dr. rer. nat. Franz Müller

Briefanschrift: Herrn Dr. rer. nat. Franz Müller
                       Herrn Dr. Franz Müller

Briefanrede: Sehr geehrter Herr Dr. Müller

Persönliche Anrede: Herr Dr. Müller

Name:	Prof. Dr. Beate Mayer
Briefanschrift:	Frau Prof. Dr. Beate Mayer
Briefanrede:	Sehr geehrte Frau Professor(in) Mayer
Persönliche Anrede:	Frau Professor(in) Mayer

Bei Ehepaaren gilt:

Name:	Dr. Franz Müller
	Ursula Müller
Briefanschrift:	Herrn Dr. Franz Müller und Frau Ursula Müller
Briefanrede:	Sehr geehrte Frau Müller,
	sehr geehrter Herr Dr. Müller
Persönliche Anrede:	Frau Müller
	Herr Dr. Müller

Trägt jemand mehrere Titel, also beispielsweise einen Doktor- und Professorentitel, wird er mündlich nur mit dem ranghöchsten Grad angesprochen. Ehrentitel wie Dr. h. c. (doctor honoris causa) oder Dr. E. h. (Doktor ehrenhalber) sind – wie auch andere akademische Grade – kein Bestandteil des Namens, müssen jedoch auf dem Anschriftenfeld eines Briefes vollständig aufgeführt werden, wobei der Ehrentitel den akademisch erworbenen Graden nachgestellt wird. Zum Beispiel:

Name:	Dr. Dr. h. c. Dr.-Ing. Georg Spät
Briefanschrift:	Herrn Dr. Dr. h. c. Dr.-Ing. Georg Spät
Briefanrede:	Sehr geehrter Herr Dr. Spät
Persönliche Anrede:	Herr Dr. Spät

Sollte Herr Spät auch noch über einen Professorentitel verfügen, wird dieser im Adressfeld vorangestellt.

Name:	Prof. Dr. Dr. h. c. Dr.-Ing. Georg Spät
Briefanschrift:	Herrn Prof. Dr. Dr. h. c. Dr.-Ing. Georg Spät
Briefanrede:	Sehr geehrter Herr Professor Spät
	Sehr geehrter Herr Professor
Persönliche Anrede:	Herr Professor Spät
	Herr Professor

Adelsbezeichnungen

In Deutschland und Österreich gibt es seit der Weimarer Republik keine Adelstitel und Adelsprädikate mehr. Diese wurden per Verfassung zu Namensbestandteilen: „Öffentlich-rechtliche Vorrechte oder Nachteile der Geburt oder des Standes sind aufzuheben. Adelsbezeichnungen gelten nur als Teil des Namens und dürfen nicht mehr verliehen werden." [10] Seither sind Adelstitulierungen wie „Baron Hohenlohe", „Freifrau von Kessel" oder „Graf Silbermann" Bestandteil des Nachnamens. Korrekterweise würden diese Herrschaften heutzutage zivilrechtlich angesprochen, indem man ganz normal zusammensetzt: Frau/Herr + Baron/in Hohenlohe = Frau Baronin Hohenlohe/Herr Baron Hohenlohe.

Doch halt, bevor Sie sich beruhigt zurücklehnen und diese zivilrechtliche Ansprache übernehmen, muss ich leider mit einer schlechten Nachricht für Sie aufwarten: Diese zivilrechtliche Ansprache hat sich, obwohl korrekt, nie durchgesetzt. Es hört sich einfach zu seltsam an wenn man sagen müsste: „Frau Freifrau von Kessel". Das bedeutet dass Damen und Herren von Adel heute noch adelsrechtlich und nicht zivilrechtlich angesprochen werden. Allerdings machen Adelstitel nicht ranghöher. Bei der Ermittlung von Rangigkeiten, zum Beispiel bei den Begrüßungsritualen, wird also ganz normal nach Geschlecht und Alter beziehungsweise im Business nach Hierarchie entschieden.

Prinz

Name:	Dr. Carl Ludwig Prinz von Schwaben
Briefanschrift:	Herrn Dr. Carl Ludwig Prinz von Schwaben
Briefanrede:	Sehr geehrter Dr. Prinz von Schwaben
Persönliche Anrede:	Dr. Prinz von Schwaben
Schlussformel:	Mit vorzüglicher Hochachtung
	Mit freundlichen Grüßen

---

10) Verfassung des Deutschen Reiches von 1919, Zweiter Hauptteil *Grundrechte und Grundpflichten der Deutschen*, Erster Abschnitt *Die Einzelperson*, Artikel 109.

Herzogin

Name:	Herzogin Amalie von Stuttgart und Ludwigsburg
Briefanschrift:	Frau Dr. Amalie Herzogin von Stuttgart und Ludwigsburg
Briefanrede:	Sehr geehrte Dr. Herzogin von Stuttgart und Ludwigsburg
Persönliche Anrede:	Dr. Herzogin von Stuttgart und Ludwigsburg
Schlussformel:	Mit vorzüglicher Hochachtung Mit freundlichen Grüßen

Fürst

Name:	Fürst Carl Alexander zu Silberburg
Briefanschrift:	Herrn Carl Alexander Fürst zu Silberburg
Briefanrede:	Sehr geehrter Fürst zu Silberburg
Persönliche Anrede:	Fürst Silberburg
Schlussformel:	Mit vorzüglicher Hochachtung Mit freundlichen Grüßen

Graf

Name:	Graf Otto von Adelshausen
Briefanschrift:	Herrn Otto Graf von Adelshausen
Briefanrede:	Sehr geehrter Graf von Adelshausen
Persönliche Anrede:	Graf Adelshausen
Schlussformel:	Mit freundlichen Grüßen

Freifrau/Freiherr

Name:	Franziska Freifrau von Zazenhausen
Briefanschrift:	Frau Franziska Freifrau von Zazenhausen
Briefanrede:	Sehr geehrte Frau von Zazenhausen
Persönliche Anrede:	Frau von Zazenhausen
Schlussformel:	Mit freundlichen Grüßen

Name:	Georg Freiherr von Zazenhausen
Briefanschrift:	Herrn Georg Freiherr von Zazenhausen
Briefanrede:	Sehr geehrter Herr von Zazenhausen
Persönliche Anrede:	Herr von Zazenhausen
Schlussformel:	Mit freundlichen Grüßen

Baronin

Name:	Dr. Eva Baronin von Märzfeld
Briefanschrift:	Frau Dr. Eva Baronin von Märzfeld
Briefanrede:	Sehr geehrte Dr. Baronin Märzfeld
Persönliche Anrede:	Dr. Baronin Märzfeld
Schlussformel:	Mit freundlichen Grüßen

Smalltalk: Die Kunst des kleinen Gesprächs

> *„Freundlichkeit in Worten schafft Vertrauen. Freundlichkeit im Denken schafft Tiefe. Freundlichkeit im Geben schafft Liebe."*

– Lao-Tse, chinesischer Philosoph

Unverhofft kommt oft: Anlässe für einen Smalltalk gibt es wie Sand am Meer. Sei es, dass Sie einen Kunden vom Empfang abholen oder Ihren Vorgesetzten im Aufzug treffen. Wer das lockere Geplauder beherrscht, überzeugt mit besten Umgangsformen sowie sozialer Kompetenz und besitzt das richtige Handwerkszeug, um persönliche Beziehungen zu schaffen. Kritiker des Smalltalks bezeichnen die kleinen Unterhaltungen gern als oberflächliches Geplänkel, bei dem vieles zwar ein bisschen, aber nichts so richtig besprochen wird. Für sie ist der Smalltalk nur die Bühne, auf der sich konfliktscheue Schauspieler, die auf inhaltsreichen Gesprächsstoff verzichten, ihren Auftritt haben. Zwar ist es durchaus zutreffend, dass sich Smalltalk-Gespräche regelmäßig nur an der Oberfläche bewegen, verschiedene Themen anschneiden und dabei keines so richtig vertiefen. Daraus entsteht jedoch der Vorteil, dass sich jeder mit jedem unterhalten kann. Gerade weil die Themen nicht hochtrabender Natur sind, ist sichergestellt, dass alle mitreden und sich an der Unterhaltung beteiligen können. Lassen Sie also die Aufwärmphase nicht ungenutzt verstreichen, sondern sehen Sie diese als Chance, ins Gespräch zu kommen und Kontakte zu knüpfen. Denn: Wer den Smalltalk beherrscht, wirkt auf Kunden, Vorgesetzte und Kollegen sympathisch, selbstsicher und kommunikationsstark.

Die Anlässe für einen Smalltalk sind reich gesät. Und nicht immer muss dem Smalltalk ein tiefsinniges Gespräch folgen. Manchmal ist von vornherein klar, dass bei einem kleinen, unverbindlichen Plausch bleiben wird: So beispielsweise in der Pause bei einem Vortrag, wenn man zufällig gemeinsam an einem Stehtisch steht und die Wartezeit überbrückt. Anders sieht die Sache aus, wenn Sie einen Kundentermin haben und den Smalltalk als Anlaufphase sehen – hier ist von vornherein klar, dass sich ein weitergehendes Gespräch dem unverbindlichen Talk anschließen wird. Wenn Sie von einem Bürotag nach Hause kommen, werden Sie dagegen nur selten Smalltalk mit Ihrer Familie halten. Aufgrund der persönlichen Beziehung gehen die Gesprächsthemen von Anfang an über lockeres Geplauder hinaus.

Fazit: Gesmalltalkt wird insbesondere in Situationen, in denen man den anderen persönlich nicht gut kennt und daher eine gewisse Distanz zwischen den Gesprächspartnern herrscht. Hier hilft das Warm-up-Gespräch, um mit dem anderen auf eine positive gemeinsame Gesprächsebene zu gelangen. Smalltalk beschränkt sich dabei nicht nur auf den beruflichen Bereich, sondern findet zum Kennenlernen auch in privatem Rahmen statt.

Es erstaunt mich zugegebenermaßen immer wieder, wie viele Menschen Probleme damit haben, ein klassisches Smalltalk-Gespräch zu führen. Klar ist, dass man hierfür Fingerspitzengefühl und Einfühlungsvermögen braucht. Dann nämlich fällt es bedeutend leichter, sich in den anderen hineinzuversetzen und sich zu überlegen, welche Gesprächsthemen dem anderen zusagen könnten. Begehen Sie jedoch keinesfalls den fatalen Fehler, den anderen durch hochtrabende Themen beeindrucken zu wollen. Glauben Sie mir: Ich habe schon Menschen kennengelernt, die Fremdwörter auswendig lernten, um ihren Gesprächspartner mit Bildung zu beeindrucken. Selbst angesehene Wochenzeitungen geben (wenn auch mit ironischem Unterton) in Kolumnen regelmäßig Tipps, mit welchem aktuellen und überkandidelten Gesprächsthema man im Smalltalk in dieser Woche glänzen könnte. Doch dieser Schuss geht garantiert nach hinten los. Es kommt im Smalltalk nämlich weniger darauf an, Informationen zu vermitteln, sondern vielmehr darauf, ein angenehmes und fließendes Gespräch zu führen. Das gelingt am besten mit entsprechend „leichten" Themen, die eben keine intellektuellen und sprachlichen Höhenflüge erfordern.

Wie Frauen und Männer (miteinander) kommunizieren

Ich weiß, dass das Thema „Frauen und Männer – zwei Welten treffen aufeinander" hinreichend in der Literatur, in Theateraufführungen und Kinofilmen beleuchtet wurde. Und ich kann verstehen wenn Sie im ersten Moment sagen, dass das „olle Kamellen" sind, wie die Rheinländer zu formulieren pflegen. Doch ich halte bestimmte Unterschiede in der Kommunikation für elementar wichtig. So wichtig, dass man sie kennen sollte, wenn man Wert auf eine reibungsfreie Kommunikation legt. Auch geht es mir nicht darum zu werten, welche Variante der Kommunikation besser oder schlechter ist. Ich vertrete die Auffassung, dass beide Arten ihre Berechtigung haben und die jeweils eine Seite gut daran täte, sich von der anderen Seite eine Scheibe abzuschneiden. Dann würden wir definitiv hindernisfreier miteinander reden können. Bitte erlauben Sie mir also, meinen Teil im Folgenden dazu beizutragen:

Die Feststellung lautet: Frauen und Männer kommunizieren unterschiedlich. Während Frauen eher beziehungsorientiert agieren, verhalten sich Männer dominanzorientiert. Natürlich gibt es bei beiden Geschlechtern Ausnahmen, welche die Regel bestätigen: Darum finden Sie auch Schornsteinfegerinnen und Kindergärtner, also Frauen in typischen Männerberufen und Männer in typischen Frauenberufen.

Dominanzorientiertes Kommunikationsverhalten ist dadurch gekennzeichnet, dass

- der eigene Status in der Kommunikation bedeutsamer als die Beziehung ist,
- durch Gespräche ein Unter- oder Überordnungsverhältnis ermittelt wird,
- gut bekannte Gesprächsthemen zur Selbstdarstellung und zum Beschnuppern der Gesprächspartner bevorzugt werden.

Daraus folgt: Männer kommunizieren vorwiegend dominanzorientiert und verwenden einen Smalltalk gern dazu, sich (miteinander) zu messen. Ein Mann lenkt das Gespräch daher auf (s)ein sicheres Terrain. Denn nur dort kann er dem anderen auf den Zahn fühlen und schnellstens herausfinden, welch Geistes Kind er ist. Dadurch fällt es leider schwerer, eine entspannte Atmosphäre zu erzielen, weil man oft mit Grabenkämpfen beschäftigt ist. Im Business wird dabei kein Unterschied gemacht, ob der andere Mann oder Frau ist. Es kommt allein darauf an, den anderen auszutesten.

Beziehungsorientiertes Kommunikationsverhalten ist dadurch gekennzeichnet, dass

- gute Beziehungen zu anderen Menschen überragende Bedeutung haben,
- auf andere Menschen eingegangen wird,
- ein „siebter Sinn" für den Gemützustand der Mitmenschen vorhanden ist.

Daraus folgt: Frauen kommunizieren vorwiegend beziehungsorientiert und tun sich damit im Business nicht immer einen Gefallen. In den Gesprächen lächeln Frauen häufiger als Männer, signalisieren stetig aufmerksames Zuhören durch Kopfnicken oder bestätigende Worte („hmm", „ach so", „ja") und fragen häufig nach, um den Kommunikationsfluss in Gang zu halten. Dieses Liebkindschema macht es jedoch schwer, im Business seinen „Mann" zu stehen.

Wenn Sie Profi-Smalltalker werden wollen, dann berücksichtigen Sie diese Besonderheiten in der Gesprächsführung. Daraus folgt so mancher Rückschluss: Fühlen Sie sich als Frau nicht auf den Schlips getreten, wenn ein Mann einen schlammigen Grabenkampf eröffnet. Ziehen Sie als Mann nicht den Rückschluss, dass eine Frau Ihnen Zustimmung signalisiert, „nur" weil sie den Kopf schräg hält, lächelt und nickt, während sie Ihnen zuhört – sie deutet Ihnen damit in erster Linie an, dass sie zuhört – nicht mehr und nicht weniger. Sprechen Sie mit einer Kundin über Gemeinsamkeiten, die Sympathie erzeugen. Wählen Sie beim Gespräch mit einem Kunden Themen mit Bezug auf ihre berufliche Kompetenz oder interessante, aber oberflächliche Fachthemen.

Gute Themen – und solche, die es nicht sind

Der Einstiegssatz hat selbstverständlich großen Einfluss darauf, wie erfolgreich der weitere Gesprächsverlauf sein wird. Denn wie sagt man so schön: Der erste Eindruck prägt, der letzte bleibt. So macht es sich beispielsweise nicht gut, wenn Sie Ihren Sitznachbarn im Flugzeug fragen: „Und wohin fliegen Sie?" Denn dass er den gleichen Zielflughafen ansteuert wie Sie, ist überaus wahrscheinlich. Meiner Erfahrung nach springen Passagiere nur selten freiwillig mit einem Fallschirm ab. Viel zu schnell wird drauflosgeredet, ohne vorher wirklich reflektiert zu haben, ob das Thema angemessen ist.

Bei der Beurteilung der Frage, ob es sich um ein geeignetes Thema handelt, muss zunächst überlegt werden, ob und wodurch sich der Business-Smalltalk von einem privaten unterscheidet. Typisch ist, dass der Smalltalk sich insbesondere unter Gesprächspartnern abspielt, die noch in keiner engen persönlichen Beziehung zueinander stehen. So dient das lockere Geplauder dem Warm-up vor einem eigentlichen Gespräch oder überbrückt Gesprächspausen. Unterschiede finden sich allerdings bei der Themenwahl. Familiäre Gesprächsinhalte sind nicht die erste Wahl im geschäftlichen Umfeld. Auch hat das kleine Gespräch im beruflichen Kontext meist weiter reichende Bedeutung. Miteinander reden zu können ist Sinnbild ausgeprägter Kommunikationsstärke und sozialer Kompetenz. Wer darüber verfügt, umso besser – wer nicht, sollte das zügig nachholen. Da im privaten Bereich im Gegensatz zum Business engere persönliche Bindungen bestehen, ist der Smalltalk nicht täglich notwendig und wirkt sich definitiv nicht nachteilig auf die Karriere aus: So wird Ihnen die Bäckereifachverkäuferin auch dann noch Brötchen verkaufen, wenn Sie mit ihr nie einen Plausch halten. Ob sich Ihr Firmenkunde allerdings dauerhaft gut bei Ihnen aufgehoben fühlt, wenn schon Vorabgespräche nur schwer in Gang kommen, ist fraglich.

Gelegenheiten für den Business-Smalltalk sind tagtäglich gegeben. Der Klassiker hierbei ist sicher eine gemeinsame Fahrt im Aufzug. Wenn Sie mit Ihrem Vorgesetzten auf engstem Raum zusammenstehen, fällt es gar nicht so leicht, das richtige Gesprächsthema zu finden. Denn tiefgehend darf der Gesprächsstoff ja nicht sein, eine Fahrt im Aufzug ist meist von überschaubarer Dauer und die beiden Gesprächspartner gehen schon nach kurzer Zeit wieder getrennte Wege. Hinzu kommt auch die Tatsache, dass es noch Mitfahrer und somit Mithörer gibt. Wichtig ist, dass Sie sich bald zu einem Gespräch entschließen. Denn je länger das gemeinsame Schweigen und das ausgiebige Mustern der eigenen Schuhe dauert, umso schwieriger wird es, das Eis zu brechen. Schon nach kurzer Zeit hört es sich für die eigenen Ohren so an, als würde das Gespräch nun gezwungenermaßen zustande kommen – dabei sollte ein Smalltalk leicht und locker über die Lippen kommen. Vergessen Sie nicht, dass Sie nie wissen, wer neben Ihnen im Aufzug steht. Also wählen Sie neutrale Themen und vermeiden Sie beispielsweise Hinweise darauf, dass Sie sich auf ein arbeitsfreies Wochenende freuen und nur noch diesen Freitag hinter sich bringen müssen. Ihre Mitfahrer werden unter Umständen nicht gern hören, dass Sie sich nicht uneingeschränkt positiv über Ihren Job oder die Firma äußern!

Gute Themen sind daher solche, die

- Gemeinsamkeiten betonen,
- breit aufgestellt sind und möglichst viele Menschen ansprechen,
- kein Fachwissen erfordern,
- niemanden ausgrenzen,
- positiv besetzt sind und
- keine Konflikte hervorrufen.

Mein wichtigster Tipp für den Smalltalk lautet: Suchen Sie nach Gemeinsamkeiten mit Ihrem Gesprächspartner. Hin und wieder wenden Seminarteilnehmer ein, dass man unmöglich von Gemeinsamkeiten wissen kann, wenn man den anderen noch gar nicht (gut) kennt. Aber halt, halt! Ich spreche nicht von Gemeinsamkeiten wie sich für Tennis zu interessieren, begeisterter Porschefahrer zu sein oder ein Faible für Cockerspaniels zu haben. Denn damit würden Sie sich ja nun wirklich schwer tun: Solange Ihr Gegenüber nicht im Tennis-Outfit zum Business-Termin erscheint, mit einem auffallenden Wagen vorfährt oder einen Hundeaufkleber auf der Aktentasche hat, würde es natürlich hellseherische Fähigkeiten erfordern, diese Interessen zu erkennen. Aber wenn Sie genauer überlegen, haben Sie schon allein deshalb Gemeinsamkeiten mit Ihrem Gesprächspartner, weil Sie zur selben Zeit am selben Ort sind: So zum Beispiel, wenn Sie den gleichen Vortrag besuchen oder nebeneinander im Flugzeug sitzen. Hierüber können Sie am leichtesten ins Gespräch einsteigen: Sie wissen, dass das Thema den anderen zwangsläufig interessiert und er dazu aller Voraussicht nach auch etwas zu sagen hat. Darüber hinaus machen Gemeinsamkeiten sympathisch. So sind wir regelmäßig begeistert, wenn wir im Auslandsurlaub jemanden treffen, der aus unserer Heimatstadt kommt. Ruckzuck bekommt die Person von uns Sympathiepunkte, obwohl wir eigentlich noch gar nichts von ihr wissen. Daher: Halten Sie die Augen auf nach den Gemeinsamkeiten!

Themen für das berufliche Umfeld

Stellen Sie sich vor, die Gesprächsthemen sind wie Dominosteine vor Ihnen aufgereiht. Der erste Dominostein ist das Thema Wetter (auch das haben wir mit dem anderen gemeinsam!), dann folgt der Dominostein Anreise und dahinter der Dominostein Navigationssysteme. Nach einigen Worten über das Wetter (jawohl, Wetter IST ein gutes Smalltalkthema!) fällt der Dominostein um und bringt seinen Hintermann „Anreise" in Bewegung. Nach einigen Worten über die Autofahrt kippt auch der Dominostein Navigationssysteme um und man unterhält sich über diese praktische technische Entwicklung. So gesehen sind alle Themen in einer Kette miteinander verbunden und auf irgendeine Art und Weise miteinander logisch verknüpft. Wählen Sie für Ihren Smalltalk eine solche Gesprächskette, dann tun Sie sich mit der Fortführung deutlich leichter, als wenn Sie von einem Thema zum anderen springen müssen und diese nichts gemeinsam haben.

Grundsätzlich sind im Business-Smalltalk berufliche Themen von besonderem Interesse. Achten Sie jedoch darauf, dass Sie kein Fachgespräch mit jemandem einläuten, der nicht über das gleiche Hintergrundwissen verfügt und folglich nicht mitreden kann. Umgekehrt gilt, dass Sie selbst Unwissen ruhig zugeben oder ansprechen dürfen, wenn Sie in ein solches Insidergespräch einbezogen werden. Ansonsten geht Ihr Gesprächspartner weiterhin davon aus, dass Sie „mitreden" können, und führt seine Überlegungen weiter aus. Und je später Sie sich outen, umso unangenehmer für beide Seiten. Haben sich jedoch zwei Fachleute gesucht und gefunden, sollten Sie sich als fünftes Rad am Wagen entschuldigen und den Ort wechseln. Beobachten Sie Personen, die in ein solches Gespräch vertieft sind, so suchen Sie sich von vornherein besser eine andere Gesprächsrunde.

Sie müssen im Business jedoch nicht nur über Geschäftliches reden. Im Gegenteil: Als Einstieg beim Kundenbesuch sind aufrichtige Komplimente zu freundlichen Mitarbeitern, der schönen Lage des Unternehmens, den ansprechenden Geschäftsräumen oder der interessanten Kunst-Skulptur im Vorgarten bestens geeignet. Wichtig ist, dass Sie sich positiv äußern.

– **Weisheiten:** Eine nette Abwechslung besteht darin, den Smalltalk mit Lebensweisheiten aufzulockern. Verwenden Sie nur kluge Sprüche, die Ihnen leicht von den Lippen gehen – Sie müssen keine alten Philosophen auswendig lernen oder sich verkünsteln, um im Smalltalk zu glänzen. Im Gegenteil – übertriebenes intellektuelles Geplänkel schafft Distanz. Bekannte und geeignete Sprüche sind beispielsweise:
  - Der Apfel fällt nicht weit vom Stamm.
  - Das passt ja wie die Faust aufs Auge.
  - Alle reden vom Wetter, aber keiner unternimmt etwas dagegen. (Karl Valentin)
  - Lieber einmal in der Sonne, als ständig hinter dem Mond.

– **Privates:** Im beruflichen Kontext wird nur selten über Privates gesprochen. Smalltalk ist nämlich besonders dann gefragt, wenn Sie Ihren Gesprächspartner persönlich nicht gut kennen. Und dann sind Fragen nach Frau und Kindern meist einfach zu viel des Guten. Anders sieht es aus, wenn Ihr Gesprächspartner Ihnen das „Terrain" eröffnet hat. Zum Beispiel indem er Ihnen beim letzten Gespräch erzählt hat dass er in Kürze mit seiner Frau nach Teneriffa fliegen wird. Dann ist es natürlich toll, wenn Sie sich daran noch erinnern und bei seiner Rückkehr nachfragen, wie es dem Ehepaar im Urlaub gefallen hat.

– **Wetter:** Oft hört man den Satz: „Wenn nichts mehr geht, geht immer noch das Wetter." Das soll heißen: Wenn das Gespräch stockt, kann es mit dem Thema Wetter jederzeit wieder in Gang gebracht werden. Grundsätzlich ist Wetter ein gutes Gesprächsthema, denn
  - man hat es mit seinem Gegenüber gemeinsam,
  - es spricht viele Menschen an,
  - es erfordert kein Fachwissen und jeder kann mitreden,
  - Wetter als Thema steht täglich aufs Neue zur Verfügung.
Witzigerweise wird Wetter entweder zu Beginn des Smalltalks thematisiert oder dann, wenn das Gespräch ins Stocken geraten ist. Insofern

stimmt der Satz: „Wenn nichts mehr geht, geht immer noch das Wetter." Aber auch das Wetter hat interessante Eigenheiten zu bieten. Beispielsweise dann, wenn Sie eine amüsante Anekdote zu erzählen haben, die mit dem Thema zusammenhängt. Aber auch eine Autopanne kann erheiterndes Gesprächsmaterial abgeben. Auf diese Art und Weise erleichtern Sie Ihrem Gegenüber auch das Kennenlernen – trotz belanglosem Geplänkel erfährt er etwas mehr von Ihnen. Es kommt letzten Endes nicht darauf an, sachliche Informationen zu vermitteln, sondern den anderen gut zu unterhalten!

- **Sport:** Kürzlich war ich als Referentin bei einer Unternehmensberatung eingeladen. Im Anschluss an meinen Vortrag erzählten mir die Unternehmensberater dass es sich eingebürgert hat, sich vor Arbeitsbeginn am Montag intensiv mit den Sportereignissen des Wochenendes auseinanderzusetzen. Ihrer Erfahrung nach wird ihnen dieses Thema regelmäßig von Kunden als Smalltalk-Thema angetragen und mit ein bisschen sportlichem Hintergrundwissen entwickelt sich daraus ein angenehmes Gespräch. Das Sportwissen ist sozusagen ihr persönliches Rüstzeug für den Smalltalk mit den (meist männlichen) Kunden. Natürlich kann es Ihnen passieren, dass jemand Sport als Smalltalk-Thema nutzt und sich dabei womöglich in Ranglisten, Tabellen oder Bergetappen verliert. Eigentlich ist aber auch Sport ein Thema, das an der Oberfläche bleiben sollte. So haben wir uns bei der Fußballweltmeisterschaft in Deutschland mit jedem unterhalten können, egal wie viel Fachverstand vorhanden war oder nicht. Dabei ging es jedoch meistens nicht um Abseitsregeln oder die Mannschaftsaufstellung. Vielmehr sprachen wir über Rahmenbedingungen wie das Public Viewing, die vielen Gäste in den Städten oder das schöne Sommerwetter. Genauso ist es auch richtig: Natürlich dürfen Sie erzählen, wenn gerade die Tour de France begonnen hat und Sie von den Leistungen der Sportler fasziniert sind. Nicht smalltalktauglich ist dagegen die Information, welcher Sportler schon wie oft welches Trikot tragen durfte oder des Dopings verdächtigt wird. Letzteres Thema verliert sich zu sehr im Detail und grenzt Unwissende dadurch aus. Private Sportaktivitäten können sich ebenfalls als Smalltalk-Thema eignen. Fragt Sie jemand, was Sie am Wochenende vorhaben, erzählen Sie ruhig von Ihrer geplanten Bergwandertour. Vorsichtig sollten Sie im beruflichen Kontext mit dem Gespräch über persönliche Sportvorlieben sein, die riskant sind. So zum Beispiel Rafting, Drachenfliegen oder Fallschirm-springen. Ihr Arbeitgeber könnte befürchten, dass Sie sich bei diesen Sportarten Verletzungen zuziehen, und würde diese Aktivitäten daher wahrscheinlich nicht gutheißen.

– **Klatsch und Tratsch:** Machen wir uns nichts vor: Ein Teil der Gesprä-che am Arbeitsplatz dreht sich um Klatsch und Tratsch. Ein wichtiger Verhaltenskodex dazu lautet: „Bei Tratsch und Klatsch gilt die Devise: Ohren auf, Mund zu." Lassen Sie sich nicht dazu hinreißen über andere Leute in negativer Weise zu reden. Meist würden die Menschn, die vor Ihnen über andere reden auch so oder ähnlich vor anderen über Sie sprechen. Versuchen Sie stattdessen, das Gespräch umzulenken.

– **Kultur** ist ein gutes Smalltalk-Thema. Denn Sie müssen und sollen im Business-Smalltalk nicht nur über berufliche Themen sprechen. Das wäre auch ganz schön schwierig, wenn Sie sich beim Gespräch nur un-verbindlich an der Oberfläche bewegen sollten. Im kulturellen Bereich finden sich zahlreiche Gesprächsanlässe: Ob Konzert, Oper, Theater oder Ausstellung. Mit kulturellem Hintergrundwissen tun Sie sich in vielen Smalltalk-Gesprächen leichter. Dabei kommt es aber weniger da-rauf an, über den Pinselstrich von Picasso zu referieren (und Informati-onen zu vermitteln), als den anderen zu unterhalten.

Tabu-Themen im Business-Smalltalk

Nicht jedes Thema bietet sich für einen Smalltalk an. Weil mit dem kleinen Gespräch eine angenehme Gesprächsatmosphäre erzeugt werden soll, eignen sich schlechte Nachrichten oder konfliktträchtige Themen nicht für die nette Plauderei. Auch kommt es nicht darauf an, den anderen auf die „Bewährungsprobe" zu stellen, seine Erzählungen in Zweifel zu ziehen oder ihn zu berichtigen.

Erinnern Sie sich an den unschönen Brauch im Mittelalter, den Überbrin-ger einer schlechten Nachricht im wahrsten Sinne des Wortes einen Kopf kürzer zu machen? Zwar gilt heute insbesondere in den Medien das gegen-teilige Motto „Bad news are good news", beim Smalltalk hat das aber kei-nesfalls Gültigkeit. Im Gegenteil: Mit guten Nachrichten und positiv besetz-ten Themen fällt es Ihnen viel leichter, eine angenehme Gesprächatmosphäre zu erzeugen. Halten Sie es daher mit dem Mittelalter: Vermeiden Sie „bad news" und suchen Sie stattdessen „good news" für Ihr Gespräch. Dementsprechend sind Themen wie Krankheiten, Katastrophen oder Probleme jeglicher Art im Smalltalk tabu:

- **Krankheiten:** Viel zu viele Smalltalks werden von diesem Thema beherrscht. Selbst wenn es sich um eine harmlose Erkältung und nicht um einen lebensgefährlichen Grippevirus handelt, sind Krankheiten schlechter Gesprächsstoff. Zum einen schaffen Sie keine positive Atmosphäre und zum anderen ist es schwierig, einem Kranken genügend Aufmerksamkeit zu zollen und dennoch das Gespräch in geordnete Bahnen zu lenken.

- **Katastrophen:** Oft werde ich gefragt, ob denn die tagesaktuellen Nachrichten allesamt keinen Gesprächsstoff liefern. Denn schließlich wird hier meist über Katastrophen oder zumindest schlechte News berichtet. Unter diesem Aspekt sind das tatsächlich keine guten Gesprächsinhalte. Auch Katastrophen schaffen eine schlechte Atmosphäre – suchen Sie deshalb besser ein anderes Thema aus Ihrem Fundus.

- **Probleme:** Probleme persönlicher oder beruflicher Natur haben im Smalltalk nichts zu suchen. Da halten wir es stattdessen ganz mit den Amerikanern: „How are you?" – „I am fine, thank you" – selbst wenn Sie Ihren Kopf schon unter dem Arm tragen.

Das kleine Gespräch hat nicht zum Ziel, Positionen und Meinungen festzulegen. Daher sind ebenfalls alle Themengebiete tabu, die eine Auseinandersetzung heraufbeschwören könnten. Schneiden Sie ein solches Thema an, so laufen Sie Gefahr, dass der andere eine gegenteilige Meinung vertritt, und schnell entbrennt eine hitzige Diskussion, die nur schwer wieder in geordnete Bahnen gelenkt werden kann. Machen Sie daher einen großen Bogen um die folgenden Themen:

- **Politik:** Ob und in welcher Partei Ihr Gesprächspartner ist, tut nichts zur Sache. Fragen Sie nicht nach politischer Gesinnung und sparen Sie Steuerreformen oder Kindergeldregelungen weiträumig aus.

- **Religion:** Ebenfalls ein Thema, an dem sich die Geister scheiden – und daher höchst konfliktträchtig. Ob Sie oder Ihr Gesprächspartner einen

Bezug zur Kirche oder anderen religiösen Einrichtungen haben, bleibt im Smalltalk daher am besten unerwähnt.

– **Geld:** Am Thema Geld sind schon die besten Freundschaften zerbrochen. In unserem Kulturkreis gilt daher die Devise: Über Geld spricht man nicht – es sei denn, Sie befinden sich in einer Gehaltsverhandlung, aber das wäre ja nun wirklich kein Smalltalk mehr. Geld ist im weitesten Sinne als Tabu-Thema zu betrachten: Neben dem monatlichen Einkommen sind auch Fragen nach dem Preis des Kostüms oder die Höhe der Handyrechnung eine schlechte Gesprächsbasis.

Eine aktuelle Umfrage hat ergeben dass die beliebtesten Smalltalk-Themen Tiere und Kinder sind! Allerdings wurde in der Studie nicht zwischen privatem und beruflichem Umfeld unterschieden. Nichtsdestotrotz: Gutes Gelingen!

Gut gefragt ist halb gewonnen

Im Smalltalk geht es nicht darum, einen Monolog zu halten. Viel schöner ist es, wenn Sie mit Ihrem Gesprächspartner einen Dialog führen und sich gegenseitig ins Gespräch einbeziehen. In diesem Zusammenhang spielt eine gute Fragetechnik eine entscheidende Rolle. Insbesondere wird diese wichtig, wenn Sie sich mit einem eher schweigsamen Gesprächspartner auseinandersetzen. Mit der richtigen Fragetechnik entlocken Sie auch ihm interessante Informationen und können eine Gesprächspause elegant überbrücken.

Der Klassiker unter den Fragen im kleinen Gespräch ist „Wie geht es Ihnen?". Auffallend ist, dass die meisten Menschen auf diese Frage nur mit „Danke, gut. Und Ihnen?" antworten. Nun erwidert der andere darauf womöglich wortkarg: „Ebenfalls. Danke der Nachfrage" – und schon ist das schöne Gespräch in eine Sackgasse geraten. Natürlich ist es nicht ratsam, die Frage nach dem Befinden mit einer langen Liste von Wehwehchen zu beantworten. Ein bisschen mehr Information als „Danke, gut." darf es aber schon sein. Zum Beispiel:

„Wie geht es Ihnen?"

„Prima, vielen Dank – bei dem schönen Wetter ... Wir haben ja einen herrlichen Frühling dieses Jahr, da geht irgendwie alles leichter von der Hand. Wie geht es denn bei Ihnen? Ich habe gehört, der Büro-Umzug war erfolgreich?"

„Ja, danke. Auch alles bestens. Dass es nicht geregnet hat, kam uns natürlich sehr entgegen. Sie müssen unbedingt mal vorbeikommen und sich unser neues Gebäude ansehen ..."

Die Frage „Wie geht es Ihnen?" ist dadurch gekennzeichnet, dass es sich um eine offene Frage handelt. Der Gesprächspartner kann also nicht mit Ja oder Nein darauf antworten. Anders sieht es aus, wenn Sie ihn „Geht es Ihnen gut?" fragen würden. Dann wird die Antwort eher kurz („Danke, ja") ausfallen und Sie haben eine Gelegenheit verpasst, einen Anknüpfungspunkt fürs Gespräch zu finden.

Achten Sie auf Ihre Fragetechnik: Die meisten Menschen stellen geschlossene Fragen, die vom Gegenüber mit Ja oder Nein abschließend beantwortet werden können, zum Beispiel:

- Geht es Ihnen gut?
- Hatten Sie eine angenehme Anreise?
- Haben Sie den Weg zu uns gut gefunden?
- Sind Sie bei der Parkplatzsuche fündig geworden?
- Möchten Sie eine Tasse Kaffee?

Besser sind offene Fragen, bei denen Sie mehr Informationen aus der Antwort bekommen:

- Wie geht es Ihnen?
- Wie war die Anreise?
- Wie haben Sie den Weg zu uns gefunden?
- Wo haben Sie Ihren Wagen abgestellt?
- Was darf ich Ihnen anbieten?

Manchmal möchten Sie etwas in Erfahrung bringen, das Sie nicht direkt fragen können. Dann bietet sich weder eine offene noch eine geschlossene Fragen an. Stattdessen können Sie eine indirekte Frage stellen. Diese ist in einer Aussage „versteckt" und kann unverbindlich angebracht werden. Zum Beispiel:

– Sie möchten wissen, ob Ihr Kollege neues Druckerpapier bestellt hat. Statt ihn das direkt zu fragen, sagen Sie: „Ich suche gerade das Druckerpapier."

– Statt der Frage: „Sind Sie allein zu dieser Veranstaltung gekommen?" sagen Sie: „Es sieht so aus, als wären die meisten Gäste ohne Begleitung gekommen."

– Statt „Können Sie mich mit zum Bahnhof nehmen?" sagen Sie: „Es sieht so aus, als wäre es schwierig, hier ein Taxi zum Bahnhof zu bekommen."

– Statt „Arbeitet Frau Maier noch bei Ihnen?" sagen Sie: „Vor einiger Zeit hatte ich Kontakt zu Frau Maier aus Ihrer Abteilung. Nun haben wir uns aber schon länger nicht mehr gesprochen."

Nur mit dem Stellen der direkten oder indirekten Fragen ist es aber nicht getan. Im Anschluss müssen Sie Ihrem Gesprächspartner auch aufmerksam zuhören. Nur so können Sie auf das eingehen, was Sie als Antwort zu hören bekommen. In Wahrheit sind wir selten hundertprozentig aufmerksam: Sei es, weil der andere etwas erzählt, das uns schon bekannt vorkommt, oder weil wir in der Ferne einen guten Bekannten entdeckt haben, mit dem wir uns auch gern unterhalten würden. Neben dem aufmerksamen Zuhören an sich ist es wichtig, dass Sie Ihr Interesse dem Gegenüber auch signalisieren. Dazu eignen sich ein regelmäßiger Blickkontakt, Nicken und begleitende Worte wie „hmmm/ach was/interessant". Wenn Sie deutlicher Zustimmung signalisieren möchten, dann eignen sich entsprechende Kommentare wie „stimmt/das ist ja toll/was für eine gute Nachricht".

Smalltalk stilvoll beenden

So seltsam es klingen mag, der Gesprächsausstieg ist keine einfache Sache. Genau wie im ganzen Gesprächsverlauf kommt es entscheidend darauf an, dass Sie höflich agieren und den bislang guten Eindruck nicht durch ein taktloses Ende zerstören. Denn Sie wissen: Der letzte Eindruck bleibt.

Wie aber verabschiedet sich man sich souverän aus dem Gespräch? Manches Mal wird die Redewendung „Bitte entschuldigen Sie mich. Ich möchte mir nur mal kurz die Hände waschen gehen" verwendet, um dann auf Nimmerwiedersehen zu verschwinden. Das ist natürlich keine besonders höfliche Vorgehensweise, haben Sie doch Ihr Gegenüber in dem Glauben gelassen, dass Sie zurückkehren werden. Nun steht der arme Kerl da allein auf weiter Flur und verlässt seinen Standort nicht, um seinerseits nicht unhöflich zu sein! Deutlich smarter ist die folgende Verabschiedungszeremonie:

- Äußern Sie sich positiv über das geführte Gespräch („Es war sehr interessant, sich mit Ihnen zu unterhalten") und bedanken Sie sich dafür („Vielen Dank, dass Sie mir diesen interessanten Einblick in die Welt der Körpersprache gegeben haben").

- Läuten Sie Ihren Weggang ein („Leider muss ich jetzt aufbrechen") und geben Sie einen Grund an („Ich habe noch eine weite Heimreise"/Ich habe noch einen Gesprächstermin mit Herrn Schulze aus der Presse-Abteilung").

- Werfen Sie einen Blick in die Zukunft („Ich hoffe, wir treffen uns bald wieder, es würde mich sehr freuen").

- Verabschieden Sie sich; eventuell mit Händedruck („Auf Wiedersehen").

Smalltalk international

Die Formulierung „Andere Länder, andere Sitten" gilt natürlich auch beim Smalltalk. Im Berufsleben haben wir nicht erst mit internationalen Begrüßungs- und Smalltalk-Zeremonien zu tun, wenn wir ins Ausland reisen. Grundbegriffe des internationalen Smalltalks sind ebenso hilfreich, wenn Sie ausländische Gäste empfangen und sich dank dieser Kenntnisse als souveräner Gastgeber beweisen können. Zu Verwirrungen kann es im internationalen Smalltalk schnell kommen: Während es unter deutschen Gesprächspartnern beispielsweise ein gutes Zeichen ist, wenn Ihr Gegenüber Sie aufmerksam anlächelt, ist das bei einem Chinesen ganz und gar kein positives Signal von Wohlbefinden, sondern vielmehr ein Hinweis, dass etwas nicht in Ordnung ist. Statt sich hier bestätigt zu fühlen und munter weiter zu plaudern, wäre es also ratsam, alsbald den Grund des Unwohlseins herauszufinden und aus dem Weg zu räumen!

Smalltalk mit Amerikanern: „You can say you to me." Wer kennt ihn nicht, diesen legendären Ausspruch, den Helmut Kohl einst gesagt haben soll, um eine gewisse persönliche Nähe im Politgeschäft herbeizuführen. Auch wenn Amerikaner Sie mit Ihrem Vornamen ansprechen, ist das noch lange kein Zeiten besonderer Vertrautheit. Ein Smalltalk von fünf bis zehn Minuten vor dem Meeting, der Verhandlung oder der Präsentation ist absolut üblich. Amerikaner kommen nicht direkt zum Ziel, sondern lieben den ausführlichen Smalltalk. Zu Beginn eines Gesprächs erfolgt ein kurzer, kräftiger Händedruck mit Blickkontakt und der Frage „How are you?". Man antwortet nur knapp mit „Fine" oder „Very well, thank you". Gern werden in Vorstellungen Verdienste, Erfolge und Leistungen der Person besonders betont. Bei genauem Zuhören haben Sie dabei die Chance, Ihren Gesprächspartner besser einschätzen zu können. Schimpfwörter und Kraftausdrücke zählen in Amerika wie auch in Deutschland zu den absoluten Don'ts. Ist der Gesprächspartner eine Frau, müssen insbesondere Männer darauf achten, sich mit Berührungen, Bemerkungen, doppeldeutigen Witzen oder Komplimenten zurückzuhalten. Eine „Entgleisung" dieser Art kann schnell zum Karrierekiller werden. Durchaus üblich ist es, über das Einkommen oder Vermögen zu reden. Kennen Sie sich mit amerikanischen Sportarten oder dem anstehenden „Super Bowl" aus, sind Sie bestens gewappnet. Weitere beliebte Themen sind Familie und Hobbys.

Smalltalk im Nahen Osten: Stellen Sie keine Fragen, von denen Sie annehmen müssen, dass Ihr Gesprächspartner darauf nicht antworten kann. Unwissenheit zugeben zu müssen käme einem Gesichtsverlust gleich. Gute Themen sind Soccer (Fußball) und spezifische Sportarten wie Pferde- und Kamelrennen sowie die Falkenjagd. Schweigen ist übrigens Teil der Unterhaltung, Pausen sind ganz normal. Im Zusammensein mit arabischen Gastgebern sollte man auf Benehmen und nonverbale Signale achten. Smalltalk-Themen wie Religion, Politik oder die Stellung der Frau sind ebenso tabu, wie sich nach der Ehefrau des Geschäftspartners zu erkundigen.

Smalltalk mit Chinesen: In China ist hierarchisches Denken grundlegend. Beziehungen sind für die Chinesen wichtig und müssen besonders gepflegt werden – persönliche Treffen sind daher an der Tagesordnung. Man begrüßt sich, indem man sich leicht verbeugt oder sich die Hände reicht. Zur Vorstellung wird stets der volle Titel genannt. Der Smalltalk verläuft extrem höflich und indirekt, ein Nicken oder Lächeln ist nicht mit Zustimmung gleichzusetzen. Chinesen entschuldigen sich häufig für verschiedene Anlässe, zum Beispiel für das Missgeschick eines anderen. Vor dem Essen entschuldigt sich der Gastgeber gern dafür, dass das mehrgängige Menü so bescheiden ausgefallen ist. Natürlich erwartet er darauf einen entschiedenen Widerspruch und großes Lob für das dargebotene Essen.

Smalltalk mit Japanern: In Japan meidet man Körperkontakt in der Öffentlichkeit. Japaner begrüßen sich daher auch per Verbeugung. Der Händedruck ist zwar nicht Teil der japanischen Kultur, bürgert sich aber immer mehr ein. Auch vermeiden Japaner, jemandem direkt in die Augen zu sehen. Im Smalltalk richten Japaner ihren Blick daher regelmäßig auf das Kinn oder den Hals des Gegenübers. Japaner schätzen keine großen Gesten und ausgeprägten Gefühlsäußerungen. Man spricht nicht mit den Händen. Ein Lächeln drückt Freude aus, kann aber auch bedeuten, dass Ihr Gegenüber nicht einverstanden ist.

Smalltalk mit Franzosen: Franzosen legen viel Wert auf eine freundliche, lockere Atmosphäre und auf Beziehungen. Gute Gesprächsthemen sind die französische Kultur und Lebensart sowie Wein, Essen oder Literatur. Zeigen Sie sich aber in der Position des Interessierten und geben Sie nicht vor, alles über die Kultur des Landes zu wissen. Smalltalk wird gern ausgedehnt: Es ist nicht unüblich, bei einem Geschäftsessen erst beim Dessert auf das Geschäftliche zu sprechen zu kommen.

Smalltalk mit Engländern: In England hat Höflichkeit große Bedeutung. Dennoch begrüßt man sich meist nur beim ersten Kennenlernen per Handschlag. Die Kunst des Smalltalks steht hoch im Kurs. Gern unterhalten sich die Briten über das Wetter. Vermieden wird es, Probleme anzusprechen. Das Gespräch dreht sich stattdessen um positive Themen. Worte wie „sorry", „please" oder „thanks" fallen häufig.

Smalltalk mit Russen: Auch wenn die Russen für ihre ergebnisorientierte und geradlinige Verhandlungsführung bekannt sind, bedeutet das nicht, dass Russen abgeneigt sind gegenüber Smalltalk und privaten Themen. Im Geschäft zählt die persönliche Beziehung – so hat Networking einen hohen Stellenwert. Das Distanzverhalten ist niedriger ausgeprägt als bei uns und kurze räumliche Gesprächsabstände sind normal. Die meisten Russen sind in politischer, wirtschaftlicher und kultureller Hinsicht sehr gebildet. Daraus leiten sich gute Gesprächsthemen ab.

Wenn Sie Gäste empfangen: Umgang mit Kunden

Freund oder Feind? Sympathisch oder unsympathisch? Kompetent oder ahnungslos? Lernen Sie einen Geschäftspartner neu kennen, so nehmen Sie sofort unbewusst eine persönliche Einschätzung vor. Und das gilt natürlich auch umgekehrt: Auch Ihr Geschäftspartner fragt sich intuitiv, wen er denn da vor sich hat und in welcher Umgebung er gelandet ist. Genau genommen ist der Empfangsbereich die erste Anlauf- und Kontaktstation eines Kunden und damit das erste Aushängeschild eines Unternehmens.

Die Devise lautet: Überzeugen Sie durch einen positiven ersten Eindruck und schaffen Sie dadurch die beste Voraussetzung für den folgenden Gesprächstermin. Wer freundlich empfangen wird, hat fast schon automatisch hohes Vertrauen, dass er in dieser Umgebung auch weiterhin (fachlich) kompetent aufgehoben sein wird.

Auch wenn die Situation im Moment noch so stressig ist, alle Telefone gleichzeitig klingeln, ein Anrufer in der Warteschleife hängt und ein Kollege um Hilfe bittet, muss jeder Mitarbeiter Ruhe bewahren und souverän und professionell agieren. Aus eigener Erfahrung weiß ich, dass das manchmal leichter gesagt als getan ist. Doch bedenken Sie: Auch wenn Sie gestresst sind, ändert ein gehetztes Auftreten nichts an der jeweiligen Situation. Im Gegenteil: Verärgern Sie zusätzlich den ankommenden Gast, fügen Sie ein weiteres „Problem" der bestehenden Stresssituation hinzu und verschlechtern diese noch mehr. Aus Sicht des Kunden ist ein solches Verhalten natürlich ein K.o.-Kriterium.

Ein Vergleich: Kürzlich musste ich meinen Pkw in die Autowerkstatt bringen. Zugegebenermaßen war ich knapp in der Zeit. Glücklicherweise schaffte ich es dennoch auf die Sekunde pünktlich in die Werkstatt. Schnell sprang ich aus dem Wagen und eilte auf die Information zu, um mich anzumelden. Dort stand ich zehn Minuten und wartete. Warum? Nun, die Empfangsdame war sehr beschäftigt – aber nicht mit mir. Vor mir wartete ein weiterer Kunde, nebenher klingelte ununterbrochen das Telefon (das sie auch jedes Mal abnahm), mal kam ein Kollege mit einer Frage vorbei. Endlich, ich wagte es schon kaum mehr zu hoffen, drang ich in Ihre Wahrnehmung vor und durfte mein Anliegen vorbringen. Um es kurz zu machen: Meine Stimmung war auf den Nullpunkt gesunken. Eigentlich wollte ich mich auch noch nach einem Neuwagen umsehen; dafür hatte ich jetzt aber keine Zeit und eigentlich auch keine Lust mehr ...

Ich bin sicher, dass Sie eine derartige Situation aus eigener Erfahrung kennen. Es macht einfach keinen Spaß, zu warten und dabei nicht wahrgenommen zu werden. Man fühlt sich wie ein lästiger Bittsteller und fehl am Platze. Nun mögen Sie einwenden, dass das ja „mal" vorkommen kann, denn schließlich bestätigen „Ausnahmen die Regel". Da muss ich Sie aber leider enttäuschen – die Antwort auf diesen Einwand kann nur „Nein" lauten. Ein Mal ist in diesem Zusammenhang ein Mal zu viel. Denn für den ersten Eindruck gibt es keine zweite Chance.

Schon innerhalb von wenigen Augenblicken entscheidet der ankommende Gast, ob er sich bei Ihnen wohlfühlt – oder eben nicht. Umso wichtiger ist es zu wissen, welche Faktoren das Bild beeinflussen, das man sich von Ihnen und Ihrem Unternehmen macht. Was können Sie tun, um möglichst gut „rüberzukommen", wenn ein Kunde Ihre Räume betritt? Es ist zunächst nicht die Fachkompetenz, die über das Wohlfühlen des Gastes entscheidet. Es sind vielmehr die äußeren Merkmale, die innerhalb der ersten drei Sekunden wahrgenommen werden und anhand deren der Besucher über Zu- oder Abneigung entscheidet. In dieser Kürze der Zeit ist es natürlich kaum möglich, etwas Geistreiches über die Lippen zu bringen. Daher zählen Ihr Auftreten und das Erscheinungsbild Ihrer Umgebung umso stärker. Später, nach dem ersten Eindruck, ist es natürlich wichtig, welche Fachkompetenz Ihr Unternehmen an den Tag legen wird. Doch wer schon beim ersten Eindruck punktet, der tut sich mit fachlicher Überzeugung deutlich leichter.

Achten Sie am Empfang auf die folgenden Punkte, um einen positiven ersten Eindruck zu hinterlassen:

– Der Mitarbeiter am Empfang muss zu jedem Neuankömmling Blickkontakt aufnehmen, lächeln und grüßen (wenn möglich mit Namen).

– Niemals wird dem Telefon Vorrang gegeben, wenn der Gast schon auf das Gespräch beziehungsweise die Anmeldung wartet.

– Einen Kunden darf man niemals lange warten lassen. Werden Sie aufgehalten, dann bieten Sie dem Gast einen Platz an und kommen alsbald auf ihn zurück. Schön ist, wenn schon im Wartebereich Getränke bereitstehen, damit sich der Gast während der Wartezeit selbst bedienen kann.

– Am Empfang sollte Diskretion großgeschrieben werden. Die Mitarbeiter müssen auf die Lautstärke ihrer Stimme achten und darauf, dass vertrauliche Gespräche auch vertraulich bleiben.

– Trägt der ankommende Gast einen Mantel oder schweres Gepäck, so bietet ihm jemand beim Ablegen beziehungsweise beim Tragen Hilfe an. Ich bekam in einem Unternehmen vor einiger Zeit viele Unterlagen zur Information ausgehändigt. Insgesamt drei Tüten voll. Mit diesen drei Tüten behängt plus meinen eigenen Unterlagen und einer Handtasche ging ich in Begleitung des Assistenten der Geschäftsführung zum Parkplatz hinunter. Während ich mich krampfhaft bemühte, nichts fallen zu lassen, sagte er zu mir: „Donnerwetter, da sind Sie ja ganz schön beladen ..." Glauben Sie mir: Da fällt einem nichts mehr ein, außer tief durchzuatmen.

Fallstricke des Büroalltags

Neben Dresscode, Begrüßungsritualen und Smalltalk gibt es zahlreiche Stolpersteine im Büroalltag.

Visitenkarten oder Kartenspiel?

Neulich bekam ich eine Visitenkarte überreicht, auf deren Rückseite die Telefonnummer einer Dame vermerkt war. Ich wartete einen passenden Moment ab, den Kartengeber darauf aufmerksam zu machen, indem ich ihm die Karte mit den Worten zurückgab: „Möglicherweise benötigen Sie diese Visitenkarte noch. Am besten Sie geben mir einfach eine andere." Wir lachten und das Problem war aus der Welt geschafft.

Visitenkarten und Business sind untrennbar verbunden. Sie geben in übersichtlicher Form Auskunft über eine Person, erleichtern das Merken von Namen beziehungsweise Positionen und öffnen Türen. So klein die Karte auch sein mag – sie repräsentiert den Karteninhaber und das Unternehmen gleichermaßen. Achten Sie darauf, nur einwandfreie Karten ohne Notizen oder Knicke zu überreichen. Auf keinen Fall bewahren Sie Ihre Visitenkarten in Ihrem Geldbeutel auf, sondern in einem dafür vorgesehenen Etui oder in Ihrer Sakkotasche.

Der Gast überreicht seine Karte zuerst – am besten zu Beginn eines Gesprächs. Dann weiß man genau, wen man vor sich hat und ob alle Namen und Zuständigkeiten richtig verstanden wurden. Wenn Sie Ihre Karte überreichen (die Schrift zeigt dabei immer zum Empfänger), geben Sie diese zuerst dem Ranghöchsten im Kreis (zum Beispiel dem Personalleiter vor der Sachbearbeiterin) und dann – entsprechend der Rangfolge – den anderen anwesenden Personen. Oder Sie entscheiden sich dafür, die Visitenkarten der Reihe nach zu offerieren; das geht ab drei Personen und ist die unkompliziertere Variante. Wenn Sie eine Karte erhalten, bedanken Sie sich dafür, begutachten die Karte kurz und stecken sie nicht sofort weg. Bei Besprechungen werden sie auf den Tisch gelegt und erst zum Ende der Unterhaltung eingesteckt. Ablehnen darf man Visitenkarten nie – es gilt sozusagen das Prinzip des Jägers und Sammlers! Wenn Sie viel im Ausland unterwegs sind, sollten Sie über zweisprachige Visitenkarten (Englisch oder die jeweilige Landessprache) nachdenken. In manchen Ländern (zum Beispiel in Japan) wird die Visitenkarte immer mit beiden Händen überreicht.

Duzen oder Siezen

Kurios: Wird ein Arbeitnehmer ungewollt geduzt, kann dadurch sein Persönlichkeitsrecht aus Artikel 2 des Grundgesetzes verletzt sein. Damit es gar nicht so weit kommt, hier einige Regeln für das Duzen und Siezen. Wir unterscheiden auch hier streng zwischen dem privaten Umfeld und dem Business. Außerdem können Sie an dieser Stelle auf Ihr Wissen, wie Hierarchien ermittelt werden, zurückgreifen. Sie sehen: Die im Kapitel „Grüßen, begrüßen und vorstellen" beschriebenen Rangermittlungen sind im privaten und beruflichen Bereich über das Begrüßen hinaus von Interesse!

Im privaten Umfeld bietet der/die Ältere dem/der Jüngeren das Du an, und das ganz unabhängig vom jeweiligen Geschlecht.

Im Business gilt: Der Ranghöhere bietet dem Rangniederen das Du an, so zum Beispiel der Chef seiner Mitarbeiterin. Entscheidend ist, wer die ranghöhere Position im Unternehmen innehat. Sind beide Kollegen auf der gleichen Hierarchiestufe, bietet der Ältere dem Jüngeren das Du an. Kommt ein neuer Kollege in einer Abteilung dazu, bietet der Dienstältere dem Neuen das Du an.

Nicht selten duzt man sich heutzutage in Unternehmen querbeet. Ob Praktikant oder Vorstandsvorsitzender – mit Eintritt in das Unternehmen ist man per se beim Du mit jedermann. Gerade in jungen Firmen soll ein generelles Du die dynamische Unternehmenskultur unterstreichen. Noch 1998 hatte ein Mitarbeiter von Hennes & Mauritz per Gerichtsentscheid eine Anrede mit „Sie" einklagen wollen. Die Richter sahen jedoch das Persönlichkeitsrecht durch das Du nicht verletzt. Es ist nicht bekannt, was aus dem Mitarbeiter innerhalb oder außerhalb des Unternehmens wurde oder wie sich seine Karriere weiterentwickelte ...

Eine besondere Stellung nimmt das Duzangebot ein, das in geselliger Runde bei einem Firmenevent, zum Beispiel dem Betriebsfest oder der Weihnachtsfeier, angeboten wurde: Derjenige, der das Du in Feierstimmung angeboten hat, entscheidet am nächsten Arbeitstag, ob dieses noch Bestand hat, indem er es verwendet oder auch nicht. Als Mitarbeiter hauen Sie Ihrem Chef also nicht vertrauensvoll auf die Schulter nach dem Motto „Toll, dass wir jetzt endlich per Du sind" sondern verwenden die Sie-Ansprache oder umgehen eine direkte Anrede so lange, bis sich Ihr Chef zweifelsfrei geäußert hat.

Regelmäßig bekomme ich in diesem Zusammenhang die leicht zögerliche Frage gestellt, ob man ein Du auch ablehnen darf? Ja, man darf. Es ist jedoch eine Frage der Art und Weise. Es kann zum Beispiel bei einer Zusammenarbeit im Projekt problematisch werden, wenn sich nur ein Teil des Teams duzt. Eine ablehnende Formulierung sollte immer mit einer entsprechend guten Begründung einhergehen, die den anderen nicht verletzt und zum Ausdruck bringt, dass man das Angebot zu schätzen weiß. Eine höfliche Ablehnung könnte zum Beispiel sein: „Vielen Dank, ich fühle mich wirklich sehr geehrt, dass Sie mir das Du anbieten, und weiß dieses Vertrauen zu schätzen. Gern komme ich darauf nach dem Abschluss unseres Projekts zurück, wenn ich darf. Ist das für Sie in Ordnung?"

Ein Du kann nicht zurückgenommen werden. Also überlegen Sie lieber zweimal, bevor Sie eines anbieten oder annehmen!

Vor Kunden sprechen die Mitarbeiter voneinander nicht in Duzform. Es heißt also nicht „Klaus holt nur noch kurz seine Unterlagen", sondern „Herr Schmidt holt nur noch kurz seine Unterlagen". In der direkten Ansprache vor einem Kunden rate ich zu einer neutralen Formulierung. Man sagt also nicht: „Klaus, könntest du die Fragestellung folgendermaßen angehen ...", sondern „Wenn wir die Angelegenheit unter diesem Blickwinkel betrachten ...". Geht das nicht, verwenden Sie das Sie, insbesondere wenn Sie mit Ihrem Vorgesetzten unterwegs sind: „Ich bin ganz Ihrer Meinung Herr Schmidt."

Vor Schwierigkeiten stellt es einen regelmäßig, wenn man ein offizielles Schreiben aufsetzen muss, mit dem Empfänger jedoch per Du ist, und weiß, dass das Schreiben nicht nur vom Empfänger gelesen wird, sondern auch vom Assistenten oder im Sekretariat. In diesen Fällen haben Sie die Wahl zwischen zwei Varianten:

1. Wählen Sie eine „doppelte" Anrede: „Sehr geehrter Herr Völker, lieber Klaus" oder

2. entscheiden Sie sich für die rein offizielle Version „Sehr geehrter Herr Völker" und heften Sie dem Schreiben eine handschriftliche Notiz bei, in der Sie formulieren „Lieber Klaus, anbei sende ich dir ..."

Hat Ihr offizielles Anschreiben mehrere Empfänger von denen Sie nur einen Teil duzen, so verwenden Sie für alle Angeschriebenen die höfliche „Sie-Version".

Tipps für das Aussprechen eines Duzangebots

Bieten Sie das Du an und verdonnern Sie den anderen nicht dazu. Der andere darf sehr wohl ein Wörtchen bei der Entscheidung mitreden. Sagen Sie also nicht „Ab sofort sind wir per Du", sondern

– „Wollen wir uns nicht duzen? Ich würde mich sehr darüber freuen."

– „Ich wollte fragen, ob wir uns vielleicht duzen wollen? Wir kennen uns ja nun schon so lange ..."

Es bietet sich auch an, das Du unter vier Augen anzubieten und einen Moment abzuwarten in dem man noch ein paar Worte wechseln kann, um das neue Verhältnis positiv zu untermauern.

Ich selbst neige dazu, bei einem neuen Du noch ab und an in das Sie zurückzufallen – die Macht der Gewohnheit! Daher sage ich schon beim Annehmen/Anbieten des Dus, dass mir es womöglich ab und an passieren wird, in das Sie zurückzufallen. Damit schließe ich von vornherein aus, dass der andere sich fragen muss, warum ich das Du nicht verwendet habe. Gerade wenn man sich schon lange per Sie angesprochen hat, fällt eine Umstellung eben manchmal schwer.

Im Aufzug

Wer darf zuerst den Aufzug betreten? Kommt darauf an, mit wem Sie in welcher Mission (privat oder beruflich) unterwegs sind. Kurz und knapp formuliert gilt: Der Ranghöchste darf zuerst den Aufzug betreten. Im privaten Umfeld bedeutet das: Die Dame betritt vor dem Herrn den Aufzug beziehungsweise die/der Ältere vor dem/der Jüngeren. Im Business folgt daraus: Der Chef betritt vor seinen Mitarbeitern den Fahrstuhl.

Beim Aussteigen aus dem Aufzug könnte die Sache unabhängig vom Geschlecht kompliziert werden. Zumindest wenn man nach dem gleichen Schema verfahren würde: Denn dann müssten Sie ja zum Beispiel Ihrem Chef den Vortritt lassen und sich derweil am besten in Luft auflösen, um genug Platz zum Aussteigen zu lassen. Das geht natürlich nicht. Daher gilt das einfache Prinzip: Wer dichter an der Tür steht, der steigt auch zuerst aus. Vor dem Aufzug wartet man natürlich auf den Kunden, Vorgesetzten oder wen auch immer, um gemeinsam den Weg fortzusetzen.

Auf der Treppe

Bei dieser Fragestellung kursieren die seltsamsten Gerüchte. Nicht selten sagen die Herren, dass man keinesfalls die Dame vorgehen lassen dürfe. Das könnte ja so aussehen, als wollte man einen Blick auf ihre Rückansicht werfen, und wie sagte man schon in früheren Zeiten: Auch ein schöner Rücken kann entzücken ... Aus diesem Grund herrscht vielfach die Auffassung vor, dass der Mann immer vorgeht – unabhängig davon, ob man die Treppe hoch oder hinunter geht. Das ist zwar gut gemeint, aber leider falsch!

Richtig ist: Beim Hochgehen lässt man dem Ranghöheren den Vortritt. Im privaten Bereich geht also die Dame vor dem Herrn und der/die Ältere vor dem/der Jüngeren. Im Business der Chef vor seinem Mitarbeiter. Beim Hinuntergehen hat der Rangniedere den Vortritt. Privat geht also der Mann vor der Frau und im Business der Mitarbeiter vor dem Chef. Warum? Der Herr kann der Dame behilflich sein, falls sie stolpert, beziehungsweise der Mitarbeiter seinem Vorgesetzten helfen, falls dieser auf der Treppe ins Straucheln kommen sollte.

Türen aufhalten

Privat hält der Mann der Frau die Tür auf beziehungsweise der/die Jüngere dem/der Älteren. Im Business hält der Mitarbeiter dem Chef die Tür auf. Das kann auch dazu führen, dass eine Frau einem Mann die Tür aufhält. So beispielsweise die Assistentin ihrem Chef. Das sorgt in traditionellen Unternehmen regelmäßig für Verwirrung: Dort lassen es sich betagte Vorgesetzte nicht nehmen, einer Frau die Tür aufzuhalten – auch wenn das die eigene Mitarbeiterin ist und diese eigentlich umgekehrt verfahren müsste. In diesen Fällen nehmen Sie das freundliche Angebot dankend an. Sie müssen ihn keineswegs über moderne Umgangsformen aufklären und auch nicht „Nein, bitte nach Ihnen!" ausrufen.

Ausnahmen bestätigen jedoch die Regel: Schwere Türen (zum Beispiel Feuertüren) werden von innen aufgedrückt und aufgehalten, damit die/ der Ranghöhere vorgehen kann. Außerdem gilt beim Aufsuchen eines Restaurants eine weitere Besonderheit: Tritt man von der Straße in einen Vorraum, dann bleibt alles beim „Alten" und der Ranghöhere darf zuerst den Vorraum betreten. Dort ist zumeist eine zweite Tür zu meistern, die dann direkt in das Restaurant führt. Diese zweite Tür wird vom Gastgeber geöffnet, der auch als Erster das Restaurant betritt. Denn er hat die Aufgabe zu erkunden, ob alles „sicher" ist, und signalisiert darüber hinaus dem Kellner, dass er Gastgeber und somit Ansprechpartner in Bezug auf die Reservierung ist und die erste Bestellung bei Tisch aufgibt.

Bedanken für Grußkarten

Muss man sich eigentlich für eine Weihnachts- oder Geburtstagskarte bedanken? Es kommt darauf an: Für Weihnachtskarten muss man sich nicht ausdrücklich bedanken; liegt ein Geschenk dabei, ist das jedoch unbedingt notwendig. Dennoch: Jeder, der Sie mit einer weihnachtlichen Karte bedacht hat, sollte auch von Ihnen einen Weihnachtsgruß erhalten. Deshalb sollte insbesondere geschäftliche Weihnachtspost bis Mitte Dezember auf den Weg gebracht werden. Ansonsten bleibt dem anderen kaum noch Raum zur Reaktion beziehungsweise Kartenaktion. Für Geburtstagsgrüße bedankt man sich dagegen ausdrücklich und denkt beim anstehenden Geburtstag des anderen ebenfalls an einen entsprechenden Gruß. Die guten Wünsche für das neue Jahr werden nach dem 15. Januar besser nicht mehr ausgesprochen; dann ist das Jahr einfach nicht mehr „neu" genug.

Geschenke im Business

„Wohltaten annehmen macht abhängig; man weiß nicht, wie weit das führen kann", sagte einst schon Freiherr Knigge. Bei Geschenken im Business gilt daher die Devise, dass Sie nichts überreichen dürfen, was Sie nicht selbst auch jederzeit annehmen würden, ohne in Erklärungsnot zu geraten. Keinesfalls möchte man den Anschein einer Vorteilsnahme oder Bestechung erwecken. Daher gilt:

- Geschenke bis 35 Euro sind steuerlich absetzbar und können von Geschäftspartnern bedenkenlos angenommen werden. In manchen Unternehmen existiert eine Meldepflicht: Jeder Mitarbeiter muss ein angenommenes Geschenk umgehend melden. Das gilt selbst dann, wenn der Wert unter 35 Euro liegt.

- Als Geschenk überreicht man kein Werbepräsent. Kugelschreiber mit dem unternehmenseigenen Logo oder entsprechend geprägte Notizbücher sind ungeeignet.

- Überreichen Sie Ihr Geschenk zu Beginn des Zusammentreffens oder bei der Verabschiedung. Praktisch ist es, wenn Sie Ihr Präsent im Hotelzimmer des Gastes hinterlegen lassen, sodass dieser es leicht in seinem Gepäck verstauen kann.

- Business-Geschenke sind neutraler Natur. Also bitte keine Parfums oder Ähnliches überreichen. Wenn möglich, stellen Sie einen Bezug zum Anlass her. Schenken Sie zum Beispiel ein Buch über die Stadt, in der sich der Gast gerade mit Ihnen befindet.

Exkurs: Bei privaten Einladungen wird der Gastgeberin ein Blumenstrauß überreicht. Blumen, die in Papier eingewickelt sind, werden vor der Übergabe ausgepackt. Blumen in Cellophan werden mit der Verpackung überreicht.

Kondolieren mit Stil

Todesfälle gehören zu den schwierigsten Situationen, die es im Umgang miteinander zu meistern gilt. Am wichtigsten ist es, das Bedauern auszudrücken – selbst wenn die Form nicht perfekt sein sollte. Sie können Ihr Mitgefühl mündlich oder schriftlich aussprechen. Achten Sie darauf, keine Floskeln wie „Das wird schon wieder" oder „Die Zeit heilt alle Wunden" zu verwenden. Sagen Sie stattdessen einfach, wie es ist: „Es tut mir leid." Beim schriftlichen Kondolieren dürfen Sie kein geschäftliches Briefpapier verwenden und das Beileid sollten Sie ausschließlich per Briefpost (verwenden Sie keinen Freistempler, sondern traditionelle Briefmarken) aussprechen. Verwenden Sie keine Karten mit schwarzem Rand; diese sind für Todesanzeigen vorgesehen. Schreiben Sie mit dunkler Tinte per Hand, verwenden Sie keine vorgedruckten Karten, bei denen man nur noch unterschreiben muss, und versenden Sie Ihr Konolenzschreiben vor allen Dingen zeitnah.

Entscheiden Sie sich für eine schriftliche Beileidsbekundung, fällt es meist leichter, die richtigen Worte zu finden, da man nicht unmittelbar mit den Emotionen der Trauernden konfrontiert wird. Auch der Empfänger weiß einen Brief durchaus zu schätzen, da er nicht unmittelbar zu seinem Verlust Stellung beziehen muss. Stirbt ein Geschäftspartner, sollten Sie zwei Karten verfassen. Eine versenden Sie an das Unternehmen zu Händen der Geschäftsführung und eine weitere Karte an die Familie. Scheuen Sie sich hierbei nicht, an Menschen zu schreiben, die Sie nicht kennen. Ein Beispiel:

Sehr geehrter Herr Müller,

die Nachricht vom Tod Ihrer Mitarbeiterin Frau Ingeborg Wulf hat uns zutiefst bestürzt. Wir trauern um einen ganz besonderen Menschen und versichern Ihnen und Ihren Kollegen unsere tiefste Anteilnahme. In Gedanken sind wir bei der Familie von Frau Wulf und wünschen ihren Angehörigen viel Kraft.

In herzlicher Anteilnahme
Wolfgang Huber
und die Belegschaft der 7K GmbH

Sehr geehrter Herr Wulf,

gestern haben wir erfahren, dass Ihre Ehefrau Ingeborg Wulf unerwartet verstorben ist. Diese Nachricht hat uns tief bestürzt. Ingeborg Wulf war nicht nur erfolgreich als Rechtsanwältin für unser Unternehmen tätig, sondern auch eine geschätzte Vertrauensperson unserer Mitarbeiter. Ihre freundliche Art wird uns sehr fehlen. Wir trauern mit Ihnen und Ihrer Familie um einen ganz besonderen Menschen.

In Verbundenheit
Wolfgang Huber
und die Belegschaft der 7K GmbH

Gesundheit!

Eine der brennenden Fragen ist immer wieder, ob man noch „Gesundheit!" sagt, wenn das Gegenüber niesen muss. Die moderne Antwort lautet „Nein!". Derjenige, der niesen muss, entschuldigt sich dafür und der andere nickt freundlich. Es gibt dafür zwei Begründungen: Die erste rührt daher, dass man mit dem Wünschen von Gesundheit dem anderen etwas antragen würde, was er der eigenen Meinung nach nicht hat – ganz schön unhöflich! Die andere Begründung erinnert daran, dass man das Gesundheitwünschen zu Zeiten der Pest eingeführt hat. Damals hat man jedoch weniger dem anderen die guten Wünsche übermittelt als vielmehr sich selbst – in der Hoffnung, sich nicht angesteckt zu haben. Heutzutage sagt man daher eigentlich nicht mehr Gesundheit. Beherzigen Sie jedoch den folgenden Tipp: Niest Ihr Gegenüber und entschuldigt sich nicht, so sagen Sie doch noch schnell „Gesundheit". Möglicherweise kennt der andere die relativ neue Norm nicht und wir wollen natürlich nicht, dass Sie trotz Regelkenntnis anecken.

Absagen

Werden Sie zu einer Veranstaltung eingeladen und können diese nicht besuchen, so gehört es sich abzusagen, und zwar so schnell wie möglich. Entgegen allen Hoffungen wird das Absagen nämlich nicht leichter, wenn man es lange vor sich her schiebt. Ist auf Ihrer Einladung der Vermerk

„U. A. w. g." vermerkt, so bedeutet dies, dass Ihr Gastgeber explizit um eine Antwort beziehungsweise um Zu- oder Absage bittet. Manchmal ist ein Datum mit dieser Bitte verbunden: „U. A. w. g. bis zum 30. Juli 2008" bedeutet „Um Antwort wird gebeten bis zum 30. Juli 2008". Wenn Sie absagen, dann tun Sie das eindeutig: Gastgeber mögen verständlicherweise keine Formulierungen nach dem Motto „Wahrscheinlich werden wir es nicht schaffen, deiner Einladung Folge zu leisten", weil sie dann immer noch nicht wissen, ob die Gäste womöglich doch noch auftauchen. Meiden Sie also ungenaue Formulierungen wie „wahrscheinlich", „eventuell" oder „vielleicht". In einer Absage muss der Grund hierfür genannt werden, der zumeist in anderen Verpflichtungen wurzelt. Abschließend ein guter Rat: Halten Sie sich bei Begründungen für eine Absage an die Wahrheit, denn Lügen haben meistens kurze Beine.

Peinliches zur Sprache bringen

Nicht schön, aber der Realität entsprechend: Manchmal müssen wir Dinge zur Sprache bringen, die uns unangenehm sind. So zum Beispiel wenn jemand vergessen hat, seinen Hosenschlitz zu schließen, oder er sich auf der Parkbank in etwas Schmutziges hineingesetzt hat. Natürlich scheuen Sie sich, ein solch heikles Thema anzusprechen, weil Sie dem anderen nicht zu nahe treten möchten und es Ihnen peinlich ist, dass ausgerechnet Sie jetzt das zur Sprache bringen müssen. Aber letztlich tun Sie Ihrem Gesprächspartner einen Gefallen: Wer weiß, wie viele Stunden vergehen und wie viele Mitmenschen sein Missgeschick beobachten oder gar beschmunzeln werden, wenn Sie jetzt nichts sagen. Der wichtigste Rat lautet: Sagen Sie sofort etwas. Wenn Sie den Spinat zwischen den Zähnen erst einmal minutenlang beobachtet haben, kommen Ihnen die Worte nicht besser über die Lippen. Bringen Sie zum Ausdruck, dass es Ihnen ein bisschen peinlich ist, den anderen auf das Missgeschick aufmerksam zu machen, und wählen Sie beispielsweise die Formulierung:

- Es ist mir ein wenig peinlich Ihnen das zu sagen ...
- Ich möchte Ihnen nicht zu nahe treten, aber ...
- Es fällt mir nicht leicht das anzusprechen ...

Haben Sie ausgesprochen was Ihnen auf dem Herzen lag so ist das Thema beendet. Es ist nicht notwendig und angemessen wenn Sie eigene Missgeschicke nun haarklein vor dem anderen ausbreiten und dem Thema dadurch unnötig viel Aufmerksamkeit schenken.

Stilsicher kommunizieren: Briefe, E-Mail, Telefon und Handy

Nicht nur von Angesicht zu Angesicht, sondern auch per Telefon, E-Mail und Brief wird im Geschäftsleben korrespondiert. Welche Dos und Don`ts gelten, erfahren Sie hier:

Geschäftliche Briefe verfassen

Ganz zu Anfang dieses Buchs war die Rede vom ersten Eindruck. Und davon, dass Sie maximal drei Sekunden Zeit haben, um den Gesprächspartner dank Ihres persönlichen Auftretens von sich zu überzeugen. Auch bei einem Brief gibt es einen ersten Eindruck, mit dem man punkten sollte. Doch wer glaubt, dafür mehr Zeit zur Verfügung zu haben, der irrt. Schon innerhalb von zwei Sekunden fällt beim Empfänger die erste Entscheidung über Gefallen oder Nichtgefallen Ihres Anschreibens: Testpersonen fixierten beim Überblicken eines Geschäftsbriefsbogens durchschnittlich zehn Punkte für Sekundenbruchteile. Ausgangspunkt ist der Briefkopf. Dann folgen: Name und Anschrift, Betreff, Briefanhang, Anfang und Ende von Absätzen sowie hervorgehobene Informationen. Am Schluss wandert der Blick zur Unterschrift und wieder hinauf zum Textanfang. Das Ganze dauert zwei Sekunden – zwei Sekunden, in denen der Adressat entscheidet, ob und wie er weiterlesen wird.[11] Von großer Bedeutung ist hierbei natürlich, ob formale Kriterien wie Absätze und Leerräume wie auch die Anrede korrekt sind. Inhaltlich kann innerhalb von zwei Sekunden kaum etwas vom Text erfasst werden. Entscheidet sich der Empfänger für das gründliche Weiterlesen, dann wird der Inhalt des Briefes ein paar Sekunden später natürlich auch noch eine erhebliche Rolle spielen.

Wie die korrekte Adressierung und Anrede aussieht, wurde bereits geklärt. Bitte achten Sie darauf, dass bei einem Brief das Wort „Betreff" in der Betreffzeile nicht mehr geschrieben wird. Stattdessen wählen Sie eine

---

11) Vgl. Der grosse Knigge, E 75/15.

eindeutige Formulierung, zum Beispiel: „Informationen zum Medientag 2008".

Vermeiden Sie in einem Brief Ausdrücke die an Behördendeutsch erinnern:

- Bezug nehmend auf ...
- In der Anlage befinden sich die Dokumente ...
- Diesbezüglich teilen wir mit ...
- Zur Kenntnisnahme ...
- Zu unserer Entlastung senden wir ... zurück.
- Zum Verbleib ...
- Anbei die Unterlagen ...

Wählen Sie stattdessen aktive und persönliche Formulierungen wie:

- Ich sende Ihnen ...
- Mit diesem Schreiben erhalten Sie ...
- Vielen Dank für Ihr Schreiben vom 5. August dieses Jahres.
- Gern dürfen Sie die Unterlagen behalten.

Ein Brief schließt mit einem passenden Gruß ab. Als Alternative zu „Mit freundlichen Grüßen" können Sie auch schreiben:

- Mit freundlichen Grüßen aus München
- Mit freundlichen Grüßen nach Wiesbaden
- Mit den besten Grüßen
- Viele Grüße
- Beste Grüße

Per E-Mail stilgerecht kommunizieren

Seit 1969 in Kalifornien die erste E-Mail verschickt wurde, hat sich diese Form der Kommunikation explosionsartig durchgesetzt. Die elektronische Post hat in vielen Ländern schon längst die Briefpost überflügelt und wird sogar häufiger genutzt als das Telefon. Doch in ihrer Schnelligkeit liegen auch ihre Tücken verborgen.

Überlegen Sie sich, wie lange es dauert, bis Sie einen Brief per Post auf den Weg zum Empfänger gebracht haben: Sie müssen den Brieftext erst tippen, dann ausdrucken, unterschreiben, in einen kuvertierten Briefumschlag stecken, diesen eventuell zusätzlich beschriften, mit einer Briefmarke versehen und zum Postkasten bringen. Bei so vielen Zwischenschritten liegt es in der Natur der Sache, dass Sie viel mehr Zeit in Ihr Briefschreiben investieren, als das beim flotten Mailen der Fall ist. So wundert es auch nicht, dass in Briefen weitaus weniger Fehler zu finden sind als in der elektronischen Variante.

Per E-Mail können rasend schnell Informationen übermittelt werden und dennoch gelten ähnliche Anforderungen wie bei einem klassischen Brief. Das bedeutet:

- Grammatik- oder Rechtschreibfehler sind in Mails tabu.

- Die Anrede ist so förmlich wie bei einem Brief. Bei mehreren Empfängern wird zuerst der Ranghöchste angesprochen.

- Bedenken Sie, dass eine E-Mail eine lange Überlebensdauer hat. Während ein Brief irgendwann in den Papierkorb wandert, bleibt eine E-Mail gleichen Inhalts oft noch lange elektronisch gespeichert.

- Aufgrund der schnellen Übermittlungsmöglichkeit darf auch umgehend mit einer Antwort gerechnet werden. Binnen 24 Stunden sollte diese auf den Weg gebracht werden.

- Verwenden Sie keine Großbuchstabenkette, um wichtige Punkte hervorzuheben. Große Buchstaben stehen im Internet für „Brüllen" oder „Schreien". Und das wollen Sie ja sicher nicht zum Ausdruck bringen, oder?

- Smileys haben in offiziellen und geschäftlichen Mails nichts zu suchen.

- Denken Sie daran, einen Betreff anzugeben: Manche Computer sind so eingestellt, dass Mails ohne Betreffangabe gleich in den Papierkorb befördert werden. Ohne Betreffangabe laufen Sie also immer Gefahr, dass Ihre E-Mail nicht gelesen wird.

– Schicken Sie die gleiche E-Mail nicht an viele verschiedene Personen. Auch im Internet möchten Ihre Mitmenschen persönlich angesprochen werden. Im Übrigen kann es Ihnen bei unpersönlichen Massen-Mails passieren, dass sich keiner der Adressaten angesprochen und zum Handeln aufgefordert fühlt. Vor allem die CC-Manie („carbon copy", heißt „Kohlepapier") ist schuld an der E-Mail-Schwemme in vielen Unternehmen. Verwenden Sie „CC"" daher nur, wenn es wirklich sinnvoll ist.

Untersuchungen haben gezeigt, dass eine E-Mail nicht so gründlich gelesen wird wie ein Brief und der Empfänger auch schneller bereit ist, diese zu löschen, als einen Brief in den Papierkorb zu befördern. Packen Sie deshalb nicht eine Fülle verschiedener Informationen in Ihre Nachricht und versenden Sie wichtige Schreiben ausschließlich oder zusätzlich per Post.

Ein kleiner Ausflug in das Zeitmanagement: Öffnen Sie Ihre E-Mails nur, wenn Sie auch Zeit haben, diese sofort zu bearbeiten. Das bedeutet, dass Sie nach dem Lesen eine E-Mail entweder sofort löschen oder beantworten. Damit ersparen Sie sich ein schlechtes Gewissen nach dem Motto „Ich muss daran denken, die Mail von Herrn X zu beantworten" und können nichts Wichtiges vergessen.

Ganz schön praktisch ...

Im täglichen Miteinander mit den Kollegen werden natürlich auch E-Mails ausgetauscht, bei denen es nicht ganz so förmlich zugehen muss. Praktisch sind da Nachrichten, die sich komplett in der Betreffzeile unterbringen lassen. Schließen Sie die Betreffzeile mit „eom" (end of message) oder „nfm" (no further message) ab, damit der Empfänger Ihre elektronische Post nicht öffnen muss. Besonders passend sind solche Kurzbotschaften als Empfangsbestätigung: „Vielen Dank für die prompte Antwort! (nfm)".

Vereinbaren Sie mit Kollegen oder Freunden Abkürzungen in der Betreffzeile, aus denen schnell ersichtlich ist, worum es geht. Zum Beispiel: „To do" oder „HB" (Handlungsbedarf) für wichtige Sachen, die erledigt werden müssen. „Info" oder „NZI" (nur zur Information) für rein informative Themen. Ihrer Fantasie sind keine Grenzen gesetzt!

Korrekt am Telefon

Haben Sie sich schon einmal überlegt, wann der erste Eindruck am Telefon entsteht? Die meisten Menschen antworten auf diese Frage: Wenn sich der Angerufene am anderen Ende der Leitung meldet. Ich bin der Auffassung, dass der erste Eindruck schon früher entsteht. Nämlich dann, wenn der Anrufer darauf wartet, dass der Hörer abgenommen wird. Es macht einen Unterschied ob, das ein, zwei, drei, vier oder fünf Mal Klingeln dauert, bis man endlich mit dem gewünschten Gesprächspartner verbunden ist. Optimal ist es, nach dem zweiten oder dritten Klingeln einen Anruf entgegenzunehmen, sonst wird die Geduld des Anrufers zu sehr strapaziert. Geht man schon nach dem ersten Mal Klingeln dran, überrascht man den Anrufer oftmals, der mit einer solch prompten Reaktion nicht gerechnet hat und gerade noch arglos seine Unterlagen für das Gespräch sortiert.

Melden Sie sich mit vollem Eigennamen und dem Namen des Unternehmens. Zum Beispiel: „Schmidthuber und Sohn, Sonja Krause, schönen guten Tag ..." Dass zuerst der Firmenname genannt wird, ist kein Zufall, sondern Absicht. So kann sich der Anrufer gleich zu Beginn orientieren, ob er bei dem gewünschten Unternehmen angekommen ist. Im Anschluss kann er sich mit voller Konzentration dann dem Erfassen Ihres Eigennamens widmen.

Wählen Sie keine Formulierungen wie ...

- Teamarbeit GmbH & Co. KG: Welche Rechtsform das Unternehmen hat, ist für den Anrufer zunächst unerheblich.

- „Wellnessoase Mainz, schönen guten Tag, Sie sprechen mit Sonja Klein, was darf ich für Sie tun?" Diese Formulierung ist zu ausführlich und stößt häufig auf Ablehnung, weil damit professionelle Call-Center-Agenturen in Verbindung gebracht werden. Ist das in Ihrem Fall nicht so, dann entscheiden Sie sich besser für eine andere Variante.

Hat der Anrufer Ihre Durchwahlnummer gewählt, so empfehle ich dennoch, sich mit dem Firmennamen zu melden. Das ist insbesondere dann hilfreich, wenn Ihre Durchwahlnummer anderen Menschen bekannt sein kann, ohne dass Sie selbst Ihnen diese gegeben haben, zum Beispiel weil sie auf der Webseite Ihres Unternehmens steht.

Sind Sie selbst der Anrufer, dann stellen Sie sich, nachdem sich der Angerufene gemeldet hat, folgendermaßen vor: „Guten Tag Frau Klein, mein Name ist Antje Huber von Schmidthuber und Sohn."

Hat eine Seite den Namen des Gesprächspartners nicht vollständig verstanden so fragt man am besten zeitnah nach: „Bitte entschuldigen Sie, wären Sie so freundlich mir noch einmal Ihren Namen zu verraten? Ich habe ihn leider akustisch nicht richtig verstanden."

Ist das Gespräch beendet, darf der Anrufer zuerst auflegen. Also bleiben Sie als Angerufener schön geduldig, bis Sie das entsprechende Klicken in der Leitung vernehmen.

Handy: Segen oder Fluch?

Immer und überall erreichbar zu sein hat unbestritten seine Vorteile. Allerdings muss man auch mit dieser ständigen Erreichbarkeit umgehen können. Das ist leider nicht bei allen Mitmenschen der Fall. Es erstaunt mich immer wieder, wie oft pikante und sehr private Telefonate in aller Öffentlichkeit geführt werden, obwohl deren Inhalte sicher nicht für alle Ohren bestimmt sind. Nicht selten werden Unternehmenskennzahlen oder Steuerfachprobleme leichtfertig im Flughafenbus diskutiert, nur weil der Telefonierende sich unter scheinbar ahnungslosen Fremden befindet. Achten Sie also besser darauf, was Sie wo erzählen. Der öffentliche Raum ist nicht für Telefonate diffiziler Art geeignet. Erwarten Sie bei einem Meeting einen wichtigen Anruf, so kündigen Sie diesen bereits im Vorfeld an. Stellen Sie das Handy auf lautlos beziehungsweise auf Licht- oder Vibrationsalarm. Sobald Ihr Anruf eintrifft, entschuldigen Sie sich, verlassen das Besprechungszimmer und führen Ihr Telefonat in aller Kürze und diskret in einem Nebenraum.

Kurznachrichten: Verhaltensregeln für SMS

SMS sind zum beliebten Kommunikationsmittel geworden. Beinahe jede Botschaft, egal ob Geburtstagsglückwünsche oder geschäftliche Terminvereinbarungen, wird heutzutage per Kurznachricht versandt. Eine SMS ist jedoch kein akzeptables Medium für Ihre Antwort, wenn Sie beispielsweise eine aufwendige Einladung per Post erhalten haben. Eine SMS ist im Business dann geeignet, wenn es gute Gründe gibt, warum diese den anderen Kommunikationsmitteln vorzuziehen ist, zum Beispiel wenn Sie im Zug unterwegs sind, die Funkverbindung ständig abreißt und Sie die anderen Mitreisenden nicht durch Telefonate stören möchten.

Kapitel 3
Zwischen Tafelfreuden und Tischsitten

Der amerikanische Präsident Calvin Coolidge (1872–1933) lud einmal Freunde aus seiner Heimatstadt zum Abendessen ins Weiße Haus ein. Aufgrund ihrer Unsicherheit in Bezug auf Tischmanieren entschlossen sich die Gäste, all das zu tun, was Coolidge tat. Diese Strategie funktionierte bis zu dem Zeitpunkt, als der Kaffee serviert wurde. Der Präsident goss seinen Kaffee in die Untertasse. Die Gäste taten es ihm nach. Coolidge fügte dem Kaffee Rum und Zucker hinzu. Die Gäste taten dasselbe. Dann beugte sich Coolidge zur Seite und stellte die Untertasse für die Katze auf den Boden ...

Die gute Nachricht vorweg: Nur selten kommen wir in die Verlegenheit, im Weißen Haus zu dinieren. Aber peinlich ist es allemal, wenn uns in guter Gesellschaft ein Fehler unterläuft oder ein Missgeschick passiert. Der Verhaltenskodex bei Tisch ist eigentlich das Ergebnis einer jahrhundertealten Tradition. Doch im Zuge des Wertewandels der letzten Jahrzehnte gingen einige der Regeln und Tischsitten verloren. Nahm man sich für ein gemeinsames Mittagessen im familiären Umfeld früher noch Zeit für ein Menü, reicht die Zeit heute nur noch für einen Snack in der Mittagspause. Heute ist Fastfood – mit den Fingern gegessen – gesellschaftsfähig. Für viele Menschen ist daher der korrekte Umgang mit Besteck, vor allem in der Öffentlichkeit und auf dem Business-Parkett, eine Herausforderung.

Beileibe war Adolph Freiherr Knigge nicht der Erste, der sich mit dem Benehmen bei Tisch auseinandersetzte. Bereits um 1750 gab es ein Reise- und Wanderbuch „Für alle und jede in die Fremde ziehende junge Personen". Der Autor, Ernst Friedrich Zobel, befasste sich mit Benehmen bei Tisch und in Gesellschaft. Seine Regeln behandelten den Gebrauch von Messer, Gabel und Löffel oder der Serviette, dem Teller-Tuch. 1825 erschien das Werk „Physiologie des Geschmacks" des französischen Schriftstellers und Richters Jean-Anthèlme Brillat-Savarin. Der Autor schrieb schon damals in seinen „Betrachtungen über das höhere Tafelvergnügen", dass es „keine Tafelfreude bei schlechtem Wein, bei wahllos gewürfelter Gesellschaft, bei traurigen Gesichtern, bei heruntergestürzter Mahlzeit" gibt.

Heute kann ein Geschäftsessen durchaus der Beginn einer erfolgreichen Geschäftsbeziehung sein – vorausgesetzt man kennt seine Spielregeln. Zum Beispiel nimmt der Smalltalk einen besonderen Stellenwert ein. Wer allerdings schon bei der Vorspeise ungeduldig mit den Hufen scharrt, weil noch keine Geschäftsthemen besprochen wurden, der irrt. Erst nach dem Hauptgang ist der richtige Zeitpunkt, um Geschäftliches anzusprechen.

Gepflogenheiten im Restaurant

In München war vor Jahren die sympathische Prinzessin Viktoria von Schweden bei der Bewältigung eines sechsgängigen Galadiners zu beobachten. Sie war zum damaligen Zeitpunkt 26 Jahre alt und ihr Rücken berührte kein einziges Mal die Stuhllehne. Man wusste nicht, ob man sie bemitleiden oder bewundern sollte, aber man kann sich wenigstens vorstellen, was sie damals geleistet hat und in Zukunft bei diversen Banketten noch leisten wird.

Im Prinzip beginnt die Frage des korrekten Benehmens im Restaurant damit, wann und wie man überhaupt zu Tisch geht. Sind Sie in einem Restaurant verabredet, aber noch nicht alle Gäste sind anwesend, so warten Sie an der Bar auf deren Ankunft. Das hat den Vorteil dass Sie von den Ankommenden gleich auf den ersten Blick gesehen werden. Sitzten Sie dagegen mit Ihren bereits eingetroffenen Gästen schon am Tisch, blickt der Hinzukommende meist ein wenig hilflos im Restaurant herum – es ist einfach schwierig sich in einem voll besetzten Lokal schnell zu orientieren. Erst wenn alle vor Ort eingetroffen sind gehen Sie gemeinsam zu Tisch. Dabei folgen die Gäste dem Kellner und Sie als Gastgeber bilden das Schlusslicht. Ist der Kellner gerade anderweitig beschäftigt, führen Sie anstelle des Kellners Ihre Gäste zu Tisch. Bei Tisch warten Sie bis sich die Gäste gesetzt haben; Sie können ihnen aber durch entsprechende Handbewegungen Plätze anbieten. Als Gastgeber sitzen Sie mit Blick ins Lokal, um Blickkontakt zum Kellner aufnehmen zu können.

Garderobe

Häufig ist zu beobachten, dass Gäste ihre Mäntel und Jacken mit zu Tisch nehmen und nicht an der Garderobe aufhängen. Meist rührt dieses Verhalten daher, dass man Sorge hat, das gute Stück könnte Beine bekommen und bekanntermaßen übernimmt ein Restaurant für Garderobe ja keine Haftung. Dennoch ist es keine gute Idee, einen Mantel mit an den Tisch zu bringen. Dafür ist dort einfach kein Platz. Wollen Sie dennoch Ihre Garderobe nicht unbeaufsichtigt lassen so bitten Sie den Kellner, den Mantel anderweitig sicher zu verwahren.

Apéritif

Der typische Apéritif ist ein Glas Champagner, Prosecco, Martini oder Sherry. Sie können aber stattdessen auch ein Bier, Orangensaft oder Mineralwasser bestellen. Beim Apéritif ist das kein Problem, bei Tisch dagegen gelten Bier und Süßgetränke wie Cola nicht als vollwertiger Ersatz für den Wein, sofern ein klassisches Menü serviert wird. Als Alternative zum Wein beim Essen bleibt Ihnen daher dann nur das Wasser. Bei deftigen Speisen dagegen ist Bier ein willkommener Begleiter.

Nun nehmen wir einmal an, Sie trinken den Apéritif an der Bar. Miteinander angestoßen wird nur in kleiner, zumeist privater Runde. In allen anderen Fällen ist es besser, sich ohne Anstoßen nur zuzuprosten, den Blickkontakt zu allen Anwesenden zu suchen, einen Schluck zu trinken, vor dem Abstellen des Glases erneut zuzuprosten und zu allen noch einmal

Blickkontakt herzustellen. Nehmen wir weiter an, Ihr Gastgeber bittet Sie nun zu Tisch und Sie haben den Apéritif noch nicht ausgetrunken. Dürfen oder sollen Sie sogar Ihr eigenes Glas mit an den Tisch nehmen? Es könnte ja schließlich als unhöflich gelten, ein noch halb volles Glas einfach an der Bar stehen zu lassen. Oder tendieren Sie dazu, das edle Getränk nun zwangsläufig „ex und hopp" zu sich zu nehmen? „Weder – noch" lautet die richtige Lösung: Sie lassen das Glas nämlich an der Bar stehen und müssen es keineswegs schnell austrinken oder gar selbst mit zum Tisch nehmen. Nur der Kellner (oder bei privaten Einladungen der Gastgeber) dürfte es Ihnen an den Tisch bringen. Natürlich kann der Gastgeber auch eine Frau sein!

Von guten Plätzen und solchen, die es nicht sind: Sitzordnungen

Im privaten Rahmen können Sie als Gastgeber Ihre Gäste sich so setzen lassen, wie es ihnen gefällt, oder alternativ eine Sitzordnung erstellen, was insbesondere bei größeren Veranstaltungen wie Hochzeiten empfehlenswert ist. Grundsätzlich gilt: Je ranghöher ein Gast ist, umso dichter darf er beim Gastgeber sitzen. Daher sind folgende Sitzordnungen möglich:

1. Die Gastgeber (hier Frau und Herr G.) sitzen sich an der Stirnseite des Tisches gegenüber. Jeweils rechts über Eck sitzen der männliche beziehungsweise der weibliche Ehrengast (hier Herr und Frau E):

2. Eine weitere Möglichkeit besteht darin, die Gastgeber und die beiden Ehrengäste über Kreuz zu setzen. Daraus folgt, dass der weibliche Ehrengast rechts neben dem Gastgeber sitzt und der männliche Ehrengast rechts neben der Gastgeberin:

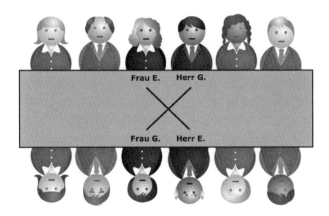

3. Die Plätze zur Rechten von Gastgeberin und Gastgeber sind für die ranghöchsten Gäste vorgesehen. Bei einem privaten Anlass sitzt also der ranghöchste männliche Gast rechts neben der Gastgeberin und der ranghöchste weibliche Gast rechts neben dem Gastgeber. Gastgeber und Gastgeberin sitzen sich gegenüber:

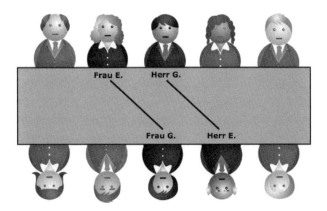

4. An einem runden Tisch sitzen sich Gastgeber und Gastgeberin gegenüber. Jeweils rechts neben ihnen sitzen die Ehrengäste:

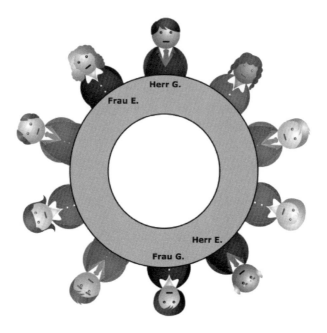

5. Gibt es nur einen Gastgeber, so nimmt der Ehrengast ihm gegenüber und gegebenenfalls ein zweiter Ehrengast rechts neben dem Gastgeber Platz:

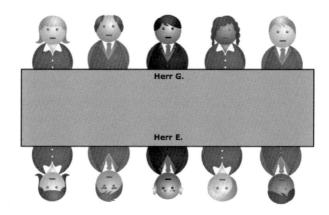

6. An einem runden Tisch können Sie Paare so platzieren, dass sich diese gegenübersitzen:

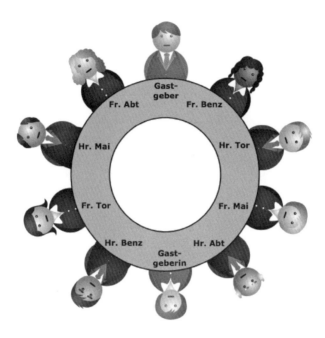

7. An einem eckigen Tisch können Sie Paare beispielsweise so platzieren:

Allerdings ist es heute keine Pflicht mehr, Paare stets getrennt zu setzen. Sie können durchaus auch nebeneinander platziert werden.

Im beruflichen Kontext ist eine Sitzordnung ein Muss, denn eine gut durchdachte Platzierung der Teilnehmer bietet die Chance für interessante und informative Gespräche, dient dem Ausbau des Netzwerkes und schafft eine geordnete Atmosphäre.

Bei der Planung der Sitzordnung gilt es, zuerst die Rangfolge der Teilnehmer festzulegen. Firmenintern orientiert man sich zunächst an der Hierarchie und am Thema der Besprechung. Steht „Vertrieb" auf der Tagesordnung, wird dem Leiter der Vertriebsabteilung in diesem Fall ein höherer Rang beigemessen als seinen fachfremden Kollegen. Weitere Kriterien bei Teilnehmern der gleichen Stufe sind Abteilungsgröße, Umsatz oder Anzahl der Mitarbeiter.

Bei ausländischen Gesprächspartnern platziert man den Dolmetscher immer links neben dem Teilnehmer, der den Dolmetscher benötigt.

Bei einer Besprechung unter vier Augen empfiehlt es sich, über Eck zu sitzen und nicht frontal gegenüber. Achten Sie darauf, dass Ihr Gast nicht gegen das Licht blicken muss; dann kann er Sie unter Umständen nur ungenau sehen.

Erwarten Sie hochrangige Persönlichkeiten zu einer Veranstaltung, die in einem Saal stattfindet, beispielsweise zu einem Vortrag, einem Festakt oder einer Hauptversammlung, so sitzen Ehrengäste in der ersten Stuhlreihe mittig. Bei Tagungen von Parteien, Gewerkschaften, Verbänden und bei Fachkonferenzen werden die Stuhlreihen um Tische ergänzt. Der Ranghöchste sitzt rechts neben dem Gastgeber. Die Ehrenplätze sollten Sie immer mit einem Namensschild reservieren. Handelt es sich um keine durchgehende Bestuhlung der Reihen, sondern gibt es einen Mittelgang, empfehle ich, sich am Standort des Rednerpults zu orientieren und den Ehrengast auf der gleichen Seite mittig zu platzieren.

Serviette

Die Serviette steht oder liegt meist hübsch gefaltet vor Ihnen, wenn Sie sich an den Tisch setzen. Doch schon nach einigen Minuten ist das weiße Kunstwerk aus Stoff im Weg. Was also tun? Als Gast legen Sie sich die Serviette nicht auf den Schoß, bevor die Gastgeberin oder der Gastgeber das tut. Zwischenzeitlich können Sie den Stoff links neben sich auf dem Tisch ablegen. Spätestens mit dem Servieren des ersten Gangs sollte sich die Serviette jedoch ganz ausgebreitet auf dem Schoß befinden. Wenn Sie sich den Mund abtupfen, positionieren Sie die Serviette im Anschluss zur Hälfte gefaltet und mit der Öffnung zu Ihnen zeigend wieder auf dem Schoß. Auf diese Art und Weise verbergen Sie Flecken in der Serviette. Wenn Sie den Tisch kurzzeitig verlassen, legen Sie die Serviette erneut gefaltet links neben Ihren Teller. Nach dem Menü-Ende, das mit dem Servieren des Kaffees eingeläutet wird, gehört die Serviette ebenfalls links auf den Tisch. Der Stoff sollte so gefaltet sein, dass die Serviette mit der Öffnung zu Ihnen zeigt beziehungsweise der Knick zu Ihrem Tischnachbarn links von Ihnen. Zu guter Letzt: Die Regeln für Stoffservietten gelten auch für Papierservietten. Sollte Ihnen eine der beiden auf den Boden rutschen, lassen Sie die Serviette dort liegen und bitten den Kellner um ein neues Exemplar.

Wer bestellt als Erster?

Im Restaurant bestellt der Gastgeber zuerst. An ihm orientieren sich die Gäste, was die Anzahl der Gänge oder die Getränkebestellungen sowie die Preislage angeht.

Einen Gang ablehnen

Was tun, wenn Ihnen, zum Beispiel im Rahmen eines Menüs, etwas serviert wird, das Sie nicht mögen? Auf den ersten Blick etwas ungewöhnlich, aber korrekt: Lassen Sie den Kellner den Gang ruhigen Gewissens vor Ihnen abstellen und sehen Sie sich „die Sache" genauer an. Sofern etwas dabei ist, das Sie mögen, ist das umso besser. Wenn nicht, legen Sie das Besteck auf „vier Uhr". Sie müssen nichts essen, was Sie nicht mögen.
Tipp: Sind Sie zu einem privaten Abendessen eingeladen, informieren Sie Ihren Gastgeber vorab, wenn Sie Allergien, Abneigungen oder vegetari-

sche Vorlieben haben. Es wäre wirklich schade, wenn man Ihnen einen Berg an Köstlichkeiten auftischt, den Sie ablehnen müssten.

Guten Appetit

Immer wieder werde ich in meinen Seminaren gefragt: Sagt man noch „Guten Appetit!"? Dies rührt daher, dass in letzter Zeit hartnäckig das Gerücht die Runde macht, man würde dies nicht mehr sagen. Das wiederum impliziert aber, dass man früher (wann auch immer das war) stets „Guten Appetit!" gewünscht hätte. Weder das eine noch das andere ist zutreffend. Als Gast hat man noch nie „Guten Appetit!" gewünscht, weil das vermessen gewesen wäre. Stattdessen wird gewartet, bis die Gastgeberin den „Startschuss" zum Beginn des Essens gibt, indem sie selbst mit dem Essen beginnt oder eben ihren Gästen einen guten Appetit wünscht. Der Gast erwidert die guten Wünsche mit „Danke, gleichfalls".

Aufstehen zwischen den Gängen

Zwischen den Gängen sollten Sie es vermeiden, aufzustehen und den Tisch zu verlassen. Geht es gar nicht anders, entschuldigen Sie sich kurz, weil Sie sich „die Hände waschen" müssen. Keinesfalls geht man zum Rauchen, wenn das Menü noch nicht beendet ist!

Serviert wird ...

... von rechts wenn
- Tellergerichte aufgetragen werden,
- leere Teller für den nächsten Gang serviert werden,
- Getränke eingeschenkt und nachgefüllt werden,
- Gläser und Besteck abgeräumt werden die von rechts eingedeckt wurden.

... von links wenn
- Platten dem Gast präsentiert werden, von denen ihm später gereicht wird,
- Schüsseln zur Selbstbedienung für den Gast gehalten werden,
- Brot – oder Beilagenteller abgeräumt werden, da diese auch von links eingedeckt wurden.

Als Gast bleiben Sie einfach gerade sitzen. Beugen Sie sich nicht nach rechts oder links, um dem Kellner Platz für das Eindecken zu machen. Genau dabei kommt es zu „Unfällen".

Reklamationen

Sind Sie eingeladen und Ihnen wird der falsche Gang serviert, es fehlt der Beilagenteller oder dem Koch ist das Salzfass aus der Hand gerutscht, so spricht der Gastgeber den Kellner höflich auf dieses Missgeschick an: „Wir hatten Wolfsbarsch und nicht Dorade bestellt. Würden Sie das bitte in der Küche für uns reklamieren?"

Die Rechnung bitte

Die Rechnung übernimmt der Gastgeber. In guten Restaurants wird die Rechnung in einer Mappe an den Tisch gebracht. Diese öffnet der Gastgeber diskret, um Bargeld oder die entsprechende Karte hineinzulegen. Der Gast entschuldigt sich diskret, um sich „die Hände waschen zu gehen" während der Gastgeber die Rechnung begleicht, oder sucht derweil aktiv das Gespräch mit den anderen Tischnachbarn. Alternativ kann der Gastgeber von vornherein aufstehen und beim Kellner an der Theke bezahlen. Damit umgeht er Diskussionen nach dem Motto „Nein, nein, ich bezahle heute". Vergessen Sie nicht, sich als Gast für die Einladung ausdrücklich zu bedanken!

Wird getrennt gezahlt, sollte man das vorab dem Kellner mitteilen, damit er die Bestellungen auf separate Rechnungen buchen kann. Nicht schicklich ist es, den Kellner beim Bringen der Rechnung die einzelnen Beträge herausrechnen zu lassen. Am besten ist es, gemeinsam zu bezahlen und dann untereinander die Rechnung zu teilen.

Das Trinkgeld legt man bar zum Rechnungsbetrag. Ausnahmsweise können Sie auch das Trinkgeld gemeinsam mit der Rechnung per EC- oder Kreditkarte bezahlen, wenn Sie auf dem Beleg den „Tip" extra vermerken. Üblich sind 10 Prozent des Rechnungsbetrags.

Buffet

Beim Buffet wartet man geduldig, bis es vom Gastgeber eröffnet wird und bis man selbst an die Reihe kommt. Überholen ist nicht erlaubt – nicht einmal dann, wenn der Vordermann etwas vom Buffet nimmt, das Sie gar nicht haben möchten. Für gewöhnlich stehen alle am Tisch gemeinsam auf, um sich etwas vom Buffet zu nehmen. Nach Sinn und Zweck dieser Regel wird dementsprechend gemeinsam mit dem Essen begonnen. Übrigens: Laden Sie nicht fünf verschiedene Gänge auf einen Teller. Entsprechend der klassischen Menüreihenfolge holt man sich zunächst die Vorspeise, dann Suppe, Fisch, Fleisch und schließlich das Dessert. Für jeden der Gänge dürfen Sie einen neuen Teller nehmen – es sei denn, Sie befinden sich auf einer privaten Einladung und die Teller werden knapp ... Das Probieren am Buffet ist ebenfalls verpönt. Und alles, was Sie sich selbst auf den Teller geladen haben, müssen Sie auch aufessen. Also keine Anstandsreste übrig lassen!

Gedeckkunde

Zunächst wird zwischen dem großen und dem kleinen Gedeck unterschieden. Das sogenannte kleine Gedeck besteht aus der Menüreihenfolge

1. Suppe,
2. Hauptgang,
3. Dessert.

Hierbei liegt der Suppenlöffel rechts neben dem Messer. Das Besteck wird von außen nach innen weggenommen.

Beim großen Gedeck lautet die klassische Menüreihenfolge:

1. kalte Vorspeise,
2. Suppe,
3. Fisch,
4. Fleisch,
5. Käse,
6. Dessert.

Auch hier wird das Besteck von außen nach innen weggenommen. Ein gutes Zeichen ist, wenn am Ende des Menüs kein Besteck bei Ihnen übrig geblieben ist – dann haben Sie wohl alles richtig gemacht (oder einen aufmerksamen Kellner gehabt). Der Spruch „Käse schließt den Magen" hat nicht zwingend Berechtigung. Käse wird nämlich korrekterweise vor dem Dessert serviert. Der Satz stimmt also nur dann, wenn kein Nachtisch serviert wird.

Brotteller

Beim großen Gedeck fällt der Brotteller schnell ins Auge. Der Brotteller links von Ihnen gehört zu Ihnen. Daraus folgt, dass der Brotteller rechts von Ihnen der Ihres Nachbarn ist und Sie von diesem tunlichst die Finger lassen sollten. Das mag sich an einer Tafel sitzend noch einfach zu merken sein: Hier können Sie durch einen Blick an die jeweiligen Tischenden schnell erkennen, welcher Brotteller zu wem gehören muss. Doch an einem runden Tisch treffen sich häufig fragende Blicke und wohl demjenigen, der Bescheid weiß. Übrigens gilt diese Regel auch für sonstige Beilagenteller: Die Beilagen, die zu Ihnen gehören, stehen auf Ihrer linken Seite!

Gläser

Zunächst einmal gilt die Regel, dass alle Gläser mit Stiel auch an diesem gehalten werden. Und zwar mit drei Fingern (Daumen, Zeige- und Mittelfinger) am oberen Drittel des Stiels. Bitte fassen Sie kein hochstieliges Glas am Kelch an. Warum nicht? Nun, weil sich sonst an der Cuppa Fingerabdrücke abzeichnen beziehungsweise Sie gekühlten Weißwein mit den Händen erwärmen würden. Typische Stielgläser sind Weißwein-, Rotwein-, Sekt- und Wassergläser. Zwei Ausnahmen bestätigen die Regel: Wenn Sie bei einer Weinprobe sind, dürfen Sie das Rotweinglas am Kelch fassen, wenn es dem Geschmack dienlich ist. Gläser mit sehr kurzem Stiel dürfen ebenfalls an der Cuppa gefasst werden, zum Beispiel das Cognacglas.

Mineralwasser ist der ideale Begleiter zu jedem Wein. Traditionell wird Weißwein zu Fischgerichten und hellem Fleisch serviert. Rotwein mundet zu dunklem Fleisch. Allerdings wird diese Regel längst nicht mehr so streng gehandhabt wie in früheren Zeiten. Heute ist erlaubt, was schmeckt. So kann ein Rotwein auch zu Fisch getrunken werden. Als Gastgeber können Sie sich auf den Rat des restauranteigenen Sommeliers verlassen, der eine entsprechende Empfehlung ausspricht.

Das Weißweinglas unterscheidet sich vom Rotweinglas dadurch, dass es schmaler ist. Das Rotweinglas dagegen ist bauchiger. Genau betrachtet gibt es zu fast jedem Wein ein besonders geeignetes Glas, damit sich der edle Tropfen ideal entfalten kann. So zum Beispiel Chardonnay- oder Burgundergläser.

Linkshänder

Linkshänder müssen nicht so essen wie Rechtshänder, sondern dürfen das Besteck andersherum in die Hand nehmen. Ein aufmerksamer Gastgeber deckt für einen Linkshänder von vornherein andersherum.

Ohne Worte: Bestecksprache

Sie können Messer und Gabel sprechen lassen: Legen Sie das Besteck in den Teller (links die Gabel, rechts das Messer), sodass es sich kreuzt, bedeutet das, dass Sie noch weiter essen. Gegebenenfalls sollte Ihnen also ein Nachschlag von einer Servierplatte angeboten werden.

Legen Sie beide Besteckteile auf „vier Uhr", wobei das Messer oberhalb der Gabel liegt und mit der Schneide zu eben dieser zeigt, so haben Sie den Gang beendet. Es ist nicht notwendig, alles auf dem Teller aufzuessen, sofern Sie sich nicht selbst (zum Beispiel am Buffet) genommen haben. Auch muss kein Anstandsrest übrig gelassen werden – wenn es Ihnen schmeckt, dürfen Sie also ruhig alles aufessen.

Generell gilt, dass Teller nicht vom Gast verrückt werden. Also drehen Sie den Teller nicht so lange, bis er wunschgemäß vor Ihnen steht, und schieben Sie einen leeren, abgegessenen Teller nicht zum Tischrand oder stapeln gebrauchte Teller dort – auch wenn das Gedeck Ihrer Meinung nach dann leichter abgeräumt werden könnte.

Löffel werden niemals in einer Tasse stehen gelassen. Das Umrühren des Kaffees oder Tees sollte geräuschlos vonstattengehen. Im Anschluss wird der Löffel nicht abgeleckt, sondern auf der Untertasse abgelegt. Ein Suppenlöffel wird nach Beendigung des Gangs in den Teller auf vier Uhr gelegt.

Von Brot bis Weißwurst

> *„Toleranz heißt: die Fehler der anderen entschuldigen.*
> *Takt heißt: sie nicht bemerken."*

– Arthur Schopenhauer (1788 – 1860), deutscher Philosoph

Als schwieriges Gericht entpuppt sich plötzlich, was man auf den ersten Blick gar nicht als solches eingeordnet hat. Zumindest wenn man sich an die Benimmregeln halten und die Speisen formvollendet zu sich nehmen möchte.

Ausdrücklich möchte ich davor warnen, erst „zu gegebener Zeit", sprich im Ernstfall wie Geschäftsessen, Silberhochzeit etc., sich an die korrekten Benimmregeln zu erinnern und davor zu handwerken wie es einem gefällt. Schon lange gilt die Devise, dass nur Übung den Meister macht. Und glauben Sie mir, Sie können noch so gründlich die Textpassagen studieren; eine ungeschälte Garnele auf dem Teller entpuppt sich in der Realität dann doch als schwieriger als theoretisch gedacht ... Daher gilt: Wagen Sie so bald wie möglich den Sprung ins kalte Wasser. Üben Sie schwierige Gerichte korrekt zu sich zu nehmen und Spezialwerkzeuge wie Hummerzange, Austerngabel, Krebsmesser & Co richtig zu benutzen.

– **Brot:** Gegessen wird das Brot, indem Sie auf dem Brotteller ein mundgerechtes Stückchen abbrechen, dieses mit Ihrem Buttermesser mit Butter oder Schmalz bestreichen und dann das kleine Stückchen Brot mit der linken Hand zum Mund führen.
  Tipp: Ganz egal wie klein das Brot ist, das auf Ihrem Brotteller gelandet ist. Sie müssen es immer mindestens einmal brechen. Keinesfalls davon abbeißen wie bei einem Frühstücksbrötchen oder das Brot auf einmal in den Mund schieben! Auch darf das Brot nicht zum Auftunken von Soße oder als Einlage in der Suppe zweckentfremdet werden ...

– **Fingerfood:** Ein deutscher Bundespräsident, dessen Namen selbstverständlich verschwiegen wird, empfing einen afrikanischen Würdenträger zum Essen. Die Protokollabteilungen beider Länder hatten alles bis ins Kleinste abgesprochen. Aber die Fingerschale zum Seafood, die hatten sie vergessen. Der afrikanische Würdenträger setzte die Fingerschale an die Lippen und trank sie in einem Zug leer. Worauf dem Bundespräsidenten nichts anderes übrig blieb, als das Gleiche zu tun ... Wann ist Fingerfood eigentlich Fingerfood? Oder anders gesagt: Wann darf man kleine Gerichte in die Hand nehmen und wann nicht? Zunächst klingt alles ganz einfach: Sobald Sie eine Fingerschale (Sparversion Zitronentücher) zum Säubern der Finger beigestellt bekommen, dürfen Sie Ihr Gericht mit den Fingern essen – seien es Hähnchenschlegel, Garnelen oder Shrimps. Finden Sie dagegen an Ihrem Platz lediglich die gewöhnliche Stoff- oder Papierserviette vor, so erfüllt diese den Zweck, den Mund abzutupfen und darf nicht zum Händereinigen benutzt werden. Das bedeutet also, dass Sie ganz normal mit Messer und Gabel essen. Klassiker beim Fingerfood sind die folgenden Gerichte:

• **Artischocken:** Eine Artischocke wird immer mit den Händen gegessen – alles andere wäre zu mühsam und wenig erfolgversprechend.

Dazu zieht man die einzelnen Blätter der Artischocke aus der Frucht heraus und tunkt diese Blätter in die zugehörige Sauce. Dann führt man die Artischockenblätter zum Mund und zieht mit den Zähnen die essbaren Teile des Blattes ab. Der Blattabfall wird auf dem dafür bereitgestellten Teller entsorgt. Wenn Sie alle Blätter abgezogen haben, bleibt von der Artischocke noch der Boden plus das sogenannte „Heu". Dieses Heu wird mit einem Messer entfernt und entsorgt. Der Boden der Artischocke wird mit der Gabel zerteilt und gegessen. Das danach übrig gebliebene „Herz" der Artischocke wird dagegen mit Messer und Gabel verzehrt.

- Austern: Austern werden roh mitsamt dem sogenannten Austernsaft geschlürft. Mit der beigelegten Austerngabel oder dem Austernmesser lösen Sie den Inhalt von der Muschelschale, führen die Muschel zum Mund und schlürfen sie aus. Zuvor darf die Auster mit Zitronensaft gewürzt werden.

- Garnelen: Sofern Sie keine Fingerschale zum Reinigen der Finger vorfinden, müssen Sie der Garnele mit dem Besteck zu Leibe rücken. Falls es sich um Fingerfood handelt, lösen Sie zunächst den Kopf vom Körper durch eine Drehbewegung. Danach lösen Sie am Bauch der Garnele die Beinchen ab, brechen den Panzer auf und entfernen ihn. Dann fassen Sie die Garnele am Schwanz und lassen sie sich schmecken.

- Muscheln: Zunächst lösen Sie bei einer der Muscheln mit einer Gabel das Fleisch heraus und essen es mit der Gabel. Die nun frei gewordene geöffnete Muschel verwenden Sie als „Zange", mit der Sie die übrigen Muscheln auslösen. Mit dieser Zangenmuschel ziehen Sie das jeweilige Fleisch heraus und führen es zum Mund. Achtung: Geschlossene Muscheln nicht essen!

- Sushi: Zunächst wird der Wasabi mit der Sojasauce vermengt. Nun nehmen Sie mit den Stäbchen ein Stück Sushi und tunken es in das Schälchen, um das Sushi anschließend zu essen. Sollte das Sushi-Stück zu groß beziehungsweise nicht in mundgerechten Stückchen serviert werden, müssen Sie nach dem Eintunken in die Sauce von dem Sushi-Stück abbeißen, während Sie es am anderen Ende mit den Stäbchen festhalten.

–   **Fisch:** Glücklich kann sich der Gast schätzen, dem das Servicepersonal den bestellten Fisch filetiert und dann vorlegt. Sollte Ihnen aber der Fisch im Ganzen auf einer Platte serviert werden, müssen Sie ihn selbst zerlegen, indem Sie Ihr Besteck gekonnt benutzen. Die Bedienung hat hierfür Ihr Besteck ausgewechselt und Fischbesteck eingedeckt. Sie werden sich vielleicht fragen, ob das nötig ist. Die Schneide des Fischmessers ist stumpf, das Messer wird also nicht zum Schneiden, sondern zum Schieben benutzt. Der Gastronomiekritiker und Buchautor Wolfram Siebeck titelt seinen Artikel auf Zeit online: „Fischmesser? Können Sie vergessen", und vertritt die Meinung, dass man heute auch Fisch mit dem Messer essen kann. „Um keine Unklarheiten aufkommen zu lassen: Ich sehe den Fortschritt nicht im Gebrauch des Messers, sondern in der viel kürzeren Garzeit eines Fischs gegenüber der Küche von gestern. Interessanter scheint mir die Erwähnung der Zweigabeltechnik in Situationen, wo keine Fischmesser zur Verfügung standen. Das funktionierte tatsächlich. Und warum? Weil Fisch früher lange, viel zu lang, gekocht wurde, bis er fast auseinanderfiel. Den konnte man mühelos mit zwei Gabeln zerrupfen. Doch seitdem haben wir gelernt, dass Fische nur knapp gar sein dürfen (rosa an den Gräten). Da ergibt sich bestenfalls die schlappe Scholle den stumpfen Zinken." [12]

–   **Garnele:** Sehr gastfreundlich ist es, wenn Ihnen ein bereits gepultes Krustentier serviert wird. Kommen die Meeresbewohner allerdings mit Panzer auf den Tisch, dürfen Sie diese mit der Hand essen. Garnelen haben viele Namen. Je nach Größe oder Land werden sie als Prawns, Gambas, Gamberi oder Shrimps bezeichnet. Doch wie rückt man dem Krebstier zu Leibe? Lösen Sie zunächst den Kopf vom Körper durch eine Drehbewegung. Brechen Sie nun den Panzer mit den Fingern von der Innenseite her auf und lösen Sie das Fleisch aus. Der Darm ist als dünner schwarzer Faden erkennbar, den Sie mit der Gabel oder dem Messer entfernen. Das ausgelöste Fleisch essen Sie nun mit der Gabel oder mit der Hand, indem Sie die Garnele am Schanz zum Mund führen.

–   **Hähnchen:** Hähnchen darf nur in sehr rustikaler Umgebung wie einem Bierzelt mit den Händen gegessen werden. Sonst auch dann nicht wenn die Hähnchenschenkel mit einer Papiermanschette umwickelt sind.

---

12) Siebeck, Wolfram: *Fischmesser? Können Sie vergessen.* Zeit online.

- **Hummer:** Hummer gilt als Delikatesse. Meist wird er im Restaurant schon so vorbereitet und halbiert serviert, dass Sie mit keiner Hummerzange mehr hantieren müssen und das Fleisch nur noch mit dem „normalen" Besteck aus der Schale lösen können. Auch die Scheren sind meist schon aufgebrochen. Das Fleisch aus Scheren und Gelenken holen Sie mithilfe der Hummergabel heraus. Diese ist keine Gabel im üblichen Sinne, sondern dient ausschließlich dem Herausholen des Fleisches. Sind die Scheren noch nicht geknackt, brechen Sie die Scheren auf, indem Sie die Hummerzange in der Mitte ansetzen. Eine Fingerschale zum Reinigen der Finger wird stets bereitgestellt. Um Überraschungen zu vermeiden, sollten Sie sich bereits bei der Bestellung erkundigen, wie der Hummer serviert wird. Langusten werden wie der Hummer gegessen, allerdings fehlen ihnen die Scheren.

- **Kartoffeln:** Kartoffeln dürfen heute bedenkenlos mit dem Messer geschnitten werden. Früher durften die Knollen nur mit der Gabel zerteilt werden. Nicht erlaubt ist dagegen, die Kartoffeln mit der Gabel zu Brei zu zerquetschen. Wird Kartoffelpüree serviert, so wird dieses nicht mit dem Löffel, sondern mit der Gabel gegessen.

- **Oliven:** Der Stein in einer Olive wird vorsichtig auf die Gabel bugsiert und dann auf dem Tellerrand abgelegt. Gleiches gilt für Fischgräten. Handelt es sich bei Letzteren um besonders winzige Exemplare, dürfen Sie sie mit der linken Hand aus dem Mund nehmen und auf dem Teller oder dem Abfallteller ablegen.

- **Salat:** Der Salatteller wird als Beilagenteller links neben Ihnen eingedeckt. Heutzutage darf Salat mit dem Messer geschnitten werden. Es gilt aber immer noch als eleganter, ihn nur mithilfe des Messers zu falten.

- **Spaghetti:** Einst aß man Spaghetti ohne Besteck, doch diese Zeiten sind lange vorüber. In einem tiefen Pastateller serviert sollten Sie die Spaghetti nur mit einer Gabel essen, indem Sie mit der rechten Hand die Nudeln am Tellerrand aufdrehen. Bei einem flachen Teller dürfen Sie einen Löffel zu Hilfe nehmen. Streng genommen gilt dann aber die Devise „Der Löffel ersetzt das Messer", weshalb die Gabel dann in der linken Hand und der Löffel in der rechten Hand gehalten werden sollte.

- **Spargel:** Inzwischen darf Spargel mit Messer und Gabel gegessen und auch geschnitten werden. Unangenehme „Nebengeräusche", die durch ein Einsaugen der Länge nach entstehen, sind somit von vornherein ausgeschlossen.

- **Suppe:** Das Wichtigste vorneweg: Die Suppe „kalt zu pusten" ist verpönt. Darüber hinaus: Der Suppenlöffel liegt rechts bei den Messern, wenn mehrere Gänge serviert werden. Gibt es dagegen nur ein „kleines Gedeck", liegt der Suppenlöffel über dem Teller. Wichtig ist, dass der Löffel bei uns mit der Spitze zum Mund geführt wird – in anderen Ländern dagegen mit der Breitseite. Auch sollte der Suppenlöffel nicht bis zum Rand gefüllt werden (Kleckergefahr!). Wussten Sie, dass Suppentassen ursprünglich nur für klare Suppen (Bouillon) gedacht waren? Suppentassen werden ausgelöffelt und der letzte Rest ohne Einlagen wird ausgetrunken, indem man die Tasse an beiden Henkeln fasst. Suppenteller dürfen nach dem modernen Tisch-Knigge gekippt werden, entweder zu sich oder zur Tischmitte hin.

- **Weißwurst:** Früher hieß es dass Weißwürste nur vormittags beziehungsweise nicht mehr nach dem Mittagsläuten der Kirchenglocken verzehrt werden sollten. Der Grund hierfür: Die Würste wurden nicht gekühlt und verdarben infolgedessen schnell. Heute gilt das nicht mehr. Bayrisch schneidet man die Wurst an einem Ende an, tunkt sie in süßen Senf und zuzelt sie aus der Pelle, die nicht mitgegessen wird. Normalerweise halbiert man die Wurst mit dem Messer, schneidet die Haut längs auf, löst die Wurst heraus und verspeist diese mit Messer und Gabel.

Kapitel 4

Interkultureller Ausblick

„In der Hotelbar unterbreiteten der Regisseur und ich unserem königlichen Aufpasser die Drehwünsche. Freundlich lächelnd hörte er zu und wackelte unentwegt ein ‚Nein' mit dem Kopf. Das kann ja heiter werden! Möchte er was trinken? – Er schüttelt sein Haupt. Aber doch vielleicht einen Kaffee? Oder lieber Bier? Whisky? – Das Wackeln nimmt kein Ende. Also wirklich nichts? – ‚Yeees!' – Wie bitte? – ‚Whisky!' brüllt er. Des Rätsels Lösung: Verneinendes Kopfschütteln drückt in Nepal höchstes Wohlwollen und volle Zustimmung aus!"

– Margret Dünser (1926 – 1980), High Society-Reporterin

Was heißt es eigentlich, sich im Ausland gut zu benehmen? Gutes Benehmen in anderen Ländern bedeuten eine vollkommene Anpassung und die Aufgabe der eigenen Identität. Vielmehr sollte man über die Sitten, Traditionen und Gebräuche des Gastlandes informiert sein, diese respektieren und (be-)achten. Anbiederungsversuche oder gar die komplette Identifi-

kation mit dem Gastland, die sich zum Beispiel durch das Tragen der lan-
destypischen Kleidung äußert, sind absolut keine Notwendigkeit.

Die jeweiligen Umgangsformen sind stark geprägt von der Religion im entsprechenden Land, deren Werte und Normen sich direkt und indirekt auf
das Verhalten auswirken. Wir sollten also auf die religiösen Gefühle anderer Menschen Rücksicht nehmen. Bei der Begegnung mit einem Fremden
oder einer fremden Kultur passt insbesondere ein zeitloser Satz von Adolph
Freiherr Knigge: „Man respektiere das, was andern ehrwürdig ist."

Andere Länder, andere Sitten

*Selten hat man im Rathaus von Florenz jemanden so weinen sehen wie die
19-Jährige Studentin aus Japan. Sie war nach Florenz zurückgekehrt, weil
sie etwas ausgefressen hatte. Die junge Japanerin war im Februar auf Klas-
senfahrt durch Italien und hatte mit Filzstift ihren Namen und den ihrer
Schule in die 600 Jahre alte Kuppel des Doms geschrieben. Das ist natürlich
streng verboten, aber das tun Tausende anderer Touristen leider auch. In
Florenz nimmt man davon längst keine Notiz mehr; die Denkmalbehörde
schickt ihre Putztruppe vorbei und die Sache ist erledigt.*

*Japanische Landsleute indes fotografierten die kichernde Mädchenrunde
und gaben das Bild daheim an die Medien weiter. In Japan brach ein Sturm
der Entrüstung los: Wie konnten sich Japaner im Ausland nur so daneben-
benehmen? Zwei landesweit verbreitete Zeitungen entschuldigten sich in aller Form beim italienischen Volk; ein nationaler Fernsehsender machte die
Sache zum Thema zahlreicher Sondersendungen. Zuschauer durften anru-
fen und weitere Vandalen anzeigen – auf diese Weise geriet auch ein Lehrer
und Basketballtrainer ins Kreuzfeuer. Er hatte sich bei einer Hochzeitsreise
ebenfalls in die Florentiner Kuppel eingeschrieben: „Man hat mir gesagt,
das bringt Glück", verteidigte sich der Angegriffene, der nun um seinen Job
bangt. Studenten erwischte es, die dann zwei Wochen von der Uni ausgeschlossen wurden. Und natürlich jenes Mädchen, das dies alles ausgelöst
hatte.*

*Erschwerend kam bei ihr hinzu, dass sie aus der Stadt Gifu stammt, die seit
30 Jahren eine Partnerschaft mit Florenz unterhält; da wurde eine Krakelei*

zur Nationalaffäre. Und so machte eine Delegation aus Gifu einen „Canossa-Gang" ins Florentiner Rathaus. Die Hauptschuldige saß dabei und weinte hemmungslos vor Scham. Es half auch nichts, dass die Chefin der Dombauhütte tröstete: „Wir haben dir doch längst verziehen!" Am Ende stand die 19-Jährige auf, überreichte einen Umschlag mit 600 Euro als Schadenersatz.

Die Florentiner wunderten sich über die Höflichkeiten. „Wir würden nie auch nur in einen anderen Stadtteil gehen, um uns zu entschuldigen", sagte ein Mann im Rundfunk. Ein anderer meint: „Mamma mia, wenn jetzt alle kommen, die je bei uns herumgekritzelt haben."

– Kölner Stadtanzeiger vom 30.07.2008

Nicht selten scheitern Geschäfte im In- und Ausland am Benehmen. Das Ergebnis einer Umfrage unter knapp 250 Führungskräften deutscher Unternehmen durch den Personalberater LAB in Kooperation mit der *Wirtschaftswoche* ergab: 83 Prozent der deutschen Top-Manager haben sich schon einmal bei einem Auslandstermin blamiert. Beinahe jede deutsche Führungskraft glaubt, dass Kenntnisse über ausländische Umgangsformen für den Geschäftserfolg entscheidend sein können. Allerdings bieten nur 28 Prozent der Unternehmen ihren Managern Unterstützung beim Erlernen internationaler Umgangsformen an.

Somit sind Sie also gefordert, sich die Inhalte des internationalen Knigge im Selbststudium zu erarbeiten. Das Verwunderliche dabei: Es ist für uns eine Selbstverständlichkeit, sich mit den nationalen Gepflogenheiten vertraut zu machen, wenn wir beispielsweise nach Japan oder Indien reisen. Etwa 30 Prozent der deutschen Manager sagen dementsprechend, dass sie den Umgang mit Japanern schwierig finden. Gar nicht oder kaum bereiten wir uns dagegen vor, wenn wir „nur" über die Landesgrenzen hinweg zum Beispiel in die Schweiz oder nach Österreich fahren. Nur weil augenscheinlich kein großer Unterschied besteht – ist doch die Sprache ähnlich und das Aussehen identisch. Wir meinen, dass unsere Gewohnheiten einfach auf die entsprechenden Länder übertragen werden können. Doch weit gefehlt. Selbst wenn der Weg nicht weit ist, gilt die Devise: Andere Länder, andere Sitten.

Wer außerdem glaubt, dass interkulturelles Wissen nur für denjenigen wichtig ist, der ins Ausland reist, der irrt ebenfalls. Auch in unserem Land kommen Sie in Berührung mit ausländischen Kulturen und tun gut daran, nicht ganz unwissend mit den entsprechenden Gepflogenheiten umzugehen. So erzählte mir der Personalchef einer Bank, dass man kürzlich sehr viele Eritreer in der Bank begrüßen durfte. Über den Zustrom an Neukunden freute man sich und so kam es, dass die eritreischen Neukunden mit Beratern der Bank einen Termin vereinbarten. Regelmäßig wurde man sich in der Besprechung einig, hatte die Vertragsunterlagen schon aufgesetzt und bat nun „nur" noch um die Unterschrift des Kunden und gegebenenfalls auch um die Unterschrift seiner Ehefrau. Genau an dieser Stelle scheiterte dann jede der Verhandlungen. Daraufhin verließ der vermeintliche Neukunde das Bankgebäude, natürlich ohne die Unterschrift geleistet zu haben. Es dauerte einige Zeit, bis man dem „Problem" auf die Spur kam. In der eritreischen Kultur ist es eine Selbstverständlichkeit, dass der Mann die Geldgeschäfte führt. Die Frage nach der Unterschrift der Ehefrau war für den Eritreer schlichtweg eine Beleidigung, die ihn dazu veranlasste, von der Zusammenarbeit Abstand zu nehmen.

Wussten Sie schon?

Farben spielen in allen Kulturen und Religionen, deren Riten und Gebräuchen eine große Rolle. Farbe hat eine hohe Symbol- und Ausdruckskraft, die von Kulturkreis zu Kulturkreis unterschiedlich gedeutet wird. Um im Ausland keinen Fauxpas zu begehen, sollten Sie sich beispielsweise der Aussagekraft Ihrer Kleidung bewusst sein.

– **Schwarz:** Die westliche Welt verbindet die Farbe Schwarz mit Trauer, Leid, aber auch Eleganz. Jugendkulturen wie beispielsweise die Gothic-Szene drücken anhand schwarzer Kleidung ihr Lebensgefühl aus. Schwarz ist aber auch eine Berufskleidung. Katholische Priester und Ordensleute tragen schwarze Gewänder. Im Orient und insbesondere im Islam hat Schwarz eine mythologische Wirkung. So ist das zentrale Heiligtum des Islam, die Kaaba in Mekka, mit einem schwarzen Tuch bedeckt. Allgemein wird jedoch in diesem Kulturkreis die Farbe Schwarz mit Negativem verbunden. Weiß und nicht Schwarz ist im Islam die Farbe der Trauer.

- **Weiß:** Die weiße Taube ist das Symbol des Friedens. Weiß verbinden wir in unserem Kulturkreis mit Reinheit und Unschuld. Wir tragen Weiß zu Hochzeiten und bei christlichen Festen wie der Kommunion oder der Taufe. In östlichen Kulturen sowie in der islamischen Welt ist Weiß allerdings das Zeichen von Trauer.

- **Rot:** Für uns ist Rot eine Signal- und Warnfarbe. Denken Sie nur an die rote Ampel oder das rote Stoppschild im Straßenverkehr. Betrachtet man die Farbe aus einem romantischen Blickwinkel, assoziiert man Rot mit Liebe, Leidenschaft und Temperament. In China steht Rot für Freude und Glück. Dies spiegelt sich insbesondere bei einer traditionellen chinesischen Hochzeit wider: Die Braut trägt Rot. In kommunistisch und sozialistisch geprägten Staaten drückt Rot Macht, Kraft und Stärke aus.

- **Blau** empfinden wir meist als kühle Farbe, die wir mit Ferne, Unendlichkeit, Himmel und Weite in Verbindung bringen. In der Geschäftswelt ist Blau die Business-Farbe, die Seriosität, Vertrauen und Verlässlichkeit ausstrahlt. Im Judentum bedeutet Blau Gott und Glauben. In der islamisch geprägten Welt schützt die Farbe Blau, insbesondere das „blaue Auge", vor dem bösen Blick, der Tod und Krankheit verheißt, und in China symbolisiert Blau Unsterblichkeit.

- **Gelb** steht für Licht, Wärme und Sonne. Insbesondere Goldgelb ist die Farbe der Ewigkeit. Bei uns signalisiert Gelb ebenfalls Vorsicht und mahnt zur Wachsamkeit (so wie die gelbe Verkehrsampel). In Asien ist Gelb eine würde- und ehrenvolle Farbe und in Thailand sogar eine königliche. Die Thais drücken ihre Verbundenheit mit ihrem Monarchen durch das Tragen gelber Armbänder und Kleidung aus. Gelb/Orange ist auch die Farbe der buddhistischen Mönche. Im Islam assoziiert man mit Gelb Schwäche, Neid, Verrat und Feigheit.

- **Grün:** Bei uns ist Grün Sinnbild für Naturverbundenheit. Im Islam ist Grün die Farbe des Propheten Mohammed und wird nur in religiösem Kontext verwendet. So sind Flaggen islamischer Staaten häufig grün. Grün steht für Erfolg und Glück – in arabischen Ländern auch für das Paradies.

Großbritannien

Ein Verkaufsleiter aus Bayern, dessen Unternehmen Automaten herstellt, tritt nach seinem London-Aufenthalt freudig ins Büro seines Chefs und verkündet: „Beide Firmen fanden unsere Produkte sehr interessant." Daraufhin bereitet das Unternehmen ein Paket mit weiterem Material vor und versendet es nach London. Doch es passiert nichts. Erst beim fünften Anruf erfährt das bayrische Unternehmen, dass es kein Geschäft geben wird. Dahinter steckt ein Verhaltensunterschied der Engländer. ... Engländer sagen viel zwischen den Zeilen. Wenn ein englischer Geschäftspartner sagt „very interesting", so ist das lediglich einem „okay" gleichbedeutend. Und wenn ein Engländer in Verhandlungen zu Ihnen sagt: „We have a tiny problem", sollten Sie sich beim Wort „tiny" (winzig) nicht entspannt zurücklehnen. Der Engländer meint damit, dass ein großes Problem ansteht. Daher: Von höflichen Umschreibungen sollte sich niemand auf die falsche Fährte locken lassen. Im Gegenzug gilt: Antworten auch Sie stets nie so direkt, wie Sie es in Deutschland tun würden.[13]

Großbritannien gilt als viertwichtigster Handelspartner Deutschlands. Nicht ganz unwahrscheinlich also, mit einem Engländer im Business in Berührung zu kommen. Die Briten zeichnen sich insbesondere dadurch aus, dass sie Höflichkeit besonders großschreiben und ausgezeichnete Manieren für unverzichtbar halten. Schön zu beobachten ist das beispielsweise, wenn man Briten dabei zusieht, wie sie in ein öffentliches Verkehrsmittel steigen oder sonst irgendwo in der Schlange anstehen. Es herrscht trotz aller Eile kein Gedrängel oder gar Vordrängeln, sondern sittsame Geduld. Bei aller Korrektheit wundert es daher ebenfalls nicht, dass der Brite sehr viel Wert auf Pünktlichkeit legt und häufig Worte wie „sorry", „thanks" oder „please" verwendet. Bekannt sind die Briten vor allem durch ihren trockenen, bissigen Humor, der hoch geschätzt und gepflegt wird. Manchmal geht er für unseren deutschen Geschmack allerdings zu weit.

Smalltalk

Der Smalltalk könnte in England erfunden worden sein. Er ist den Briten nämlich sehr wichtig. Besonders das kleine Gespräch über das Wetter

---

13) Oppel, Kai: *Business Knigge international*, Seite 53.

kann ungeahnte Dimensionen annehmen. Grundsätzlich gelten die gleichen Regeln wie bei uns: Man spricht nicht über schlechte Themen, Politik oder Religion.

Anrede

Bei einem ersten Zusammentreffen wird man mit Mr. oder Mrs. angesprochen. Wie in Deutschland auch sollte man in den englischsprachigen Ländern im Geschäftsleben die Anrede „Miss" (Fräulein) unbedingt vermeiden. Ausnahme sind selbstverständliche betagte Damen, die meist großen Wert auf diese Anrede legen. Unter Kollegen lockert sich meist recht schnell der Umgangston und man spricht sich mit Vornamen an. Das ist jedoch kein Zeichen von besonderer Vertrautheit!

Vorstellen, Grüßen und Begrüßen

Es zählt zur feinen britischen Art, dass man vorgestellt wird: im Geschäftsleben nach Rang, unabhängig von Geschlecht und Alter. Beim eigenen und dem Vorstellen Dritter verwendet man kein Mr. oder Mrs., sondern den (eigenen) Vor- und Nachnamen. Eine mögliche Reaktion, wenn einem jemand vorgestellt wird, könnte sein: „Nice to meet you." Allerdings nur beim ersten Zusammentreffen. Bei weiteren Treffen wird dann das „Nice to see you" verwendet, worauf der Gegrüßte mit „Nice to see you, too" antwortet.

Auch wenn Sie es zunächst nicht glauben wollten – der britische Smalltalk („How do you do?") gilt als Zeichen für echtes Interesse und nicht bloß als Floskel. Antworten sind daher immer erforderlich: „Fine, thank you. And yourself?" Das amerikanische „How are you?" ist dagegen meist verpönt!

Die Briten lieben die Distanz. Beim ersten Zusammentreffen – insbesondere mit Ausländern – reicht man sich die Hand zur Begrüßung. Bei weiteren Zusammenkünften und erst recht im täglichen Miteinander wird auf das Begrüßen per Handschlag allerdings verzichtet. Eine „zweite" Begrüßung per Hand ist nur in Fällen denkbar, wenn man sich schon lange nicht mehr gesehen hat. In der „oberen Gesellschaft" ist sogar üblich, sich niemals die Hand zu reichen. Ebenso ist die Distanzzone im Smalltalk größer als bei uns. Ein Meter ist das absolute Mindestmaß.

Essen und Trinken

Der Löffel wird nicht von vorn in den Mund gesteckt, sondern seitlich gehalten. Für einen Briten ist es unzivilisiert, den Löffel mit der Spitze voran in den Mund einzuführen. Mit der Gabel wird das Essen aufgespießt. Man benutzt die Gabel nicht wie einen Löffel zum „aufschaufeln". Auch in Großbritannien gehören die Ellenbogen niemals auf den Tisch!

Am Ende eines Business-Lunchs oder -Dinners ist es üblich, einen Toast auf die Monarchin auszusprechen, bei dem sich dann alle erheben.

Die „tea time" hat oberste Priorität und Vorrang vor und bei allen Geschäftsterminen. Das Servicepersonal sollte unter keinen Umständen „Miss" gerufen werden, sondern mit „Waiter/Waitress". Auch in Großbritannien gilt in öffentlichen Einrichtungen und in Restaurants ein Rauchverbot. Somit bleibt Rauchern also nur der Gang vor die Tür.

Business

Im Schriftverkehr wird auf Titel großer Wert gelegt. Geschäftliche Beziehungen werden gern bei sportlichen oder gesellschaftlichen Aktivitäten geknüpft. Bei offiziellen Abendeinladungen dagegen wird nicht übers Business gesprochen. Grundsätzlich gilt: Understatement kommt immer gut an; lieber zu tief stapeln als zu hoch!

Kleidung

Die Kleidung bei den Briten ist konservativ. Sie legen sehr viel Wert auf gute Qualität in gedeckten Farben, solange es kein Braun ist. Der Smoking ist Vorschrift für das offizielle Dinner, das „black tie dinner" genannt wird. Herren sollten keine gestreiften Krawatten tragen, denn diese assoziieren die Mitgliedschaft in einem Club oder Regiment. Auch die Art und Richtung der Streifen hat weitreichende Bedeutung. So soll es insbesondere Mitte des 20. Jahrhunderts gehäuft vorgekommen sein, dass ein Ausländer von einem wildfremden Schotten auf der Straße umarmt wurde weil dieser aufgrund des Krawattenmusters dachte, der Umarmte sei Mitglied seines schottischen Clans. Goldknöpfe und Wappen beziehungsweise Embleme sind dem Clubjacket vorbehalten und gehören nicht zu einem klassischen Business-Anzug. Die Geschäftsfrau trägt einen klassischen Hosenanzug oder ein Kostüm und auch bei heißesten Temperaturen Feinstrümpfe. Sandalen und zehenfreie Schuhe zählen dementsprechend zu den absoluten No-Gos.

Vorsicht, Fettnäpfchen

Bezeichnen Sie Waliser und Schotten besser nicht als Engländer, sondern immer als Briten. Nordiren sind auch Teil des Vereinigten Königreichs, doch weder Engländer noch Briten, sondern eben Nordiren. Ach so: Fragen Sie Damen niemals nach Ihrem Alter. Am besten nirgendwo auf dieser Welt.

Arabische Welt

Wenn Sie in diese Region reisen, sollten Sie sich zuvor unbedingt eingehend mit dem Islam beschäftigen. Geschäftsleben, Alltag und Religion lassen sich nämlich in der arabischen Welt nur schwer voneinander trennen. Von westlichen Gästen wird erwartet, dass sie diese sehr traditionelle Lebensweise und die Privatsphäre im Besonderen respektieren. Bei den Arabern steht nämlich die Familie an höchster Stelle – noch vor dem Business.

Grüßen und Begrüßen

Die Anrede für den Herrn ist „Sayed" (Herr) plus voller Name oder plus Titel und Nachname. Eine Anrede nur mit dem Vornamen ist in der arabischen Welt nicht gebräuchlich. Titel haben einen großen Stellenwert und werden beim Vorstellen genannt und auch auf Visitenkarten gedruckt.

Zur Begrüßung reicht man sich selbstverständlich die rechte Hand – allerdings nur Angehörige des gleichen Geschlechts. Ein Mann darf einer Frau dagegen nicht die Hand reichen. Für Frauen ist Zurückhaltung geboten: Auch im Geschäftsleben streckt eine Frau nicht jedem Mann die Hand zur Begrüßung entgegen, sondern bevorzugt ein kurzes Kopfnicken.

Essen und Trinken

Besuchern wird direkt nach dem Eintreffen ein Getränk angeboten, wobei Alkohol für Muslime selbst stets tabu ist. Das Anbieten von Getränken ist ein Brauch, der nicht abgelehnt werden darf. Gegessen wird ausschließlich mit der rechten Hand. Die linke Hand gilt im islamischen Raum als unrein, das sollten vor allem Linkshänder beachten.

Grundsätzlich gilt: Man sollte nicht mit der linken, unreinen Hand grüßen, schreiben, etwas überreichen oder Dinge annehmen. Oft wird das Essen traditionell auf dem Boden oder auf Kissen sitzend eingenommen. Araber benutzen Brot als Ersatzlöffel. Ausländischen Besuchern wird aber meist Besteck zur Verfügung gestellt. Wenn Sie satt sind, lassen Sie zum Zeichen dafür einen Anstandsrest auf Ihrem Teller liegen.

Vermeiden Sie stets, beim Sitzen Ihre Schuhsohlen zu zeigen, da dies als ausgesprochene Unhöflichkeit angesehen wird.

Übrigens: Im Fastenmonat Ramadan ist es verboten, tagsüber in der Öffentlichkeit zu essen, zu trinken und zu rauchen. Dann essen Moslems auch erst bei Einbruch der Dunkelheit. Außerdem liegt während des Fastenmonats Ramadan der Fokus nicht auf geschäftlichen Beziehungen. Es wird daher oft auch eingeschränkt gearbeitet.

Business

Der Begriff „Pünktlichkeit" ist in der arabischen Welt nicht stark ausgeprägt. Sie müssen daher viel Geduld und Einfühlungsvermögen im Bezug auf Termine und die Dauer von Verhandlungen mitbringen. Man sollte seinen arabischen Geschäftspartner also nicht drängen. Meist werden Geschäfte in Hotels und nicht in den Büros abgeschlossen, und das zu jeder Tages- und Nachtzeit. Den Arabern geht Gastfreundschaft über alles. Mit Gestik, Mimik und körpersprachlichen Signalen im Allgemeinen sollten Sie stets zurückhaltend sein und bei Verhandlungen und Gesprächen ein konkretes „Nein" umgehen.

Es ist üblich, sich zwar nach den Kindern, nicht jedoch nach dem Befinden der Ehefrau zu erkundigen. Tabu-Gesprächsthemen sind Politik, Religion oder eben Frauen. Der Donnerstag entspricht unserem Samstag und der Freitag unserem Sonntag. Beide Tage sind arbeitsfrei.

Kleidung

Die Kleidung ist stets sehr korrekt. Damen sollten lange Bekleidung tragen und dementsprechend auf lange Ärmel und Röcke achten. Bei Herren ist der Anzug Standard. Qualitativ hochwertige Kleidung wird sehr geschätzt, da dies als Zeichen von Wohlstand gilt.

Japan

In Japan haben Harmonie, Wahren der Form und das Umschiffen von Konflikten besondere Bedeutung. Japaner schätzen Zurückhaltung und missbilligen Ungeduld. Verärgerung oder Gefühle offen zu zeigen kommt einem Gesichtsverlust gleich. Japaner lächeln daher immer, selbst beim Überbringen und Erhalt von schlechten Nachrichten.

Grüßen und Begrüßen

Üblich ist bei der Begrüßung und Verabschiedung eine höfliche Verbeugung, wobei sich die rangniedere Person tiefer und länger verbeugt. So mancher Japaner kommt uns mittlerweile aber mit einem etwas laschen Händedruck entgegen, der sich im Widerspruch zur traditionellen japanischen Kultur immer mehr einbürgert. Grundsätzlich meidet man in Japan körperlichen Kontakt, deshalb sollte man von sich aus einem Japaner besser nicht die Hand entgegenstrecken. So gelten auch ein kontinuierlicher Blickkontakt, ein starker Händedruck oder Berührungen im öffentlichen Raum als Grenzverletzungen.

Man spricht sich mit Nachnamen an, dieser steht üblicherweise vor dem Vornamen. „San" ist in Japan der gängigste Titel und entspricht unserem „Herr" und „Frau". „Peter Schmidt" würde also in Japan mit „Schmidt-san" angesprochen werden.

Visitenkarten kommt eine besondere Bedeutung zu. Die Übergabe erfolgt mit beiden Händen und einer leichten Verbeugung. Aus Hochachtung wird die Businesscard sofort gelesen und unter keinen Umständen unbeachtet weggesteckt.

Einladungen

Aufgrund der sehr beengten Wohnverhältnisse in Japan wird eine Einladung ins Restaurant bevorzugt. Dort ist es üblich, dass der Gastgeber für Sie bestellt und bezahlt. Trinkgeld ist nicht üblich, da man immer einen herausragenden Service erwartet und dieser nicht extra belohnt werden muss.

Wenn Sie nach Hause eingeladen werden, ist das ein großes Privileg. Sie sollten Ihren Mantel bereits an der Tür (und das schon vor dem ersten Klingeln!) ablegen und die Schuhe ausziehen (mit den Spitzen nach außen stellen). Normalerweise stehen Pantoffeln bereit. Zimmer werden nur auf Strümpfen betreten und sogar für die Waschräume gibt es spezielle Toilettenpantoffel, die Sie unter keinen Umständen im Wohnraum anbehalten dürfen.

Das Gastgeschenk wird erst bei der Verabschiedung mit beiden Händen überreicht. Es handelt sich um eine kleine, aber äußerst geschmackvoll verpackte Aufmerksamkeit, die meistens erst später ausgepackt wird. Fragen Sie als Beschenkter vor dem Auspacken, ob Sie das Geschenk jetzt schon auswickeln dürfen. Wenn ja, dann entfernen Sie das Geschenkpapier sorgfältig und zerreißen es nicht. Haben Sie kein Gegengeschenk parat, dann reichen Sie ein solches spätestens nach ein paar Tagen nach oder verfassen zumindest einen Dankesbrief. Benutzen Sie jedoch niemals weißes oder helles Geschenkpapier, denn in Japan steht die Farbe Weiß für Tod, und auch nichts was mit der Zahl 4 zu tun hat: Letztere ist mit unserer Unglückszahl 13 vergleichbar.

Im Business werden häufig und viele Geschenke überreicht. Also seien Sie darauf vorbereitet, indem Sie etwas Landestypisches wie einen Bildband über Deutschland mitbringen.

Essen und Trinken

Vor einer Japanreise sollten Sie den Umgang mit Stäbchen üben. Beim Hantieren mit den japanischen Esswerkzeugen gibt es ebenso wie bei uns eine bestimmte Bestecksprache, die beachtet werden sollte. In den internationalen Restaurants wird Ihnen auf Wunsch jedoch gern Besteck gereicht.

Business

Japaner sind Perfektionisten und zeichnen sich durch Selbstdisziplin, Fleiß und einen ausgeprägten Nationalstolz aus. Tradition und Benimmregeln sind ein wichtiger Bestandteil des Lebens, im privaten Bereich wie auch in der Geschäftswelt.

Beziehungen spielen eine sehr wichtige Rolle in der japanischen Geschäftswelt. Anstatt einen Japaner direkt anzusprechen, werden Vermittler eingesetzt, die Empfehlungen aussprechen und so ein geschäftliches Anliegen in Schwung bringen können.

Visitenkarten werden stets mit beiden Händen überreicht, wobei der Rangniedere als Erster seine Karte überreicht. Dabei wird die Karte mit Daumen- und Zeigefinger so übergeben, dass der Empfänger die Angaben darauf sofort lesen kann. Nimmt man eine Karte entgegen, bedankt man sich dafür mit einem leichten Nicken und dem aufmerksamen Studieren der Karte. Bei einem Meeting werden Visitenkarten erst weggesteckt, wenn die Besprechung zu Ende ist.

Die Warm-up-Phase bei Verhandlungen und Besprechungen ist deutlich länger als bei uns. Man betreibt also intensiven Smalltalk über die Anreise oder das Hotel und kommt erst später zum eigentlichen Thema.

Grundsätzlich machen Japaner in Gesprächen lange Pausen. Das hat damit zu tun, dass man sicher sein möchte, dem anderen nicht ins Wort zu fallen, wenn man seine Erwiderung vorbringt. Für uns sind dagegen Gesprächspausen eher unangenehm und wir neigen dazu, diese schnell wieder mit Worten zu füllen.

Dauernder Blickkontakt, lautes Lachen oder Berührungen werden als unangenehm empfunden. Gerade sitzen und die Gestik reduzieren – so lauten die Empfehlungen für den Umgang mit Japanern. So wird es als unhöflich gewertet, sich am Stuhlrücken anzulehnen wenn man einer

Respektsperson gegenübersitzt. Als ebenfalls unhöflich gilt, laute Geräusche beim Niesen oder Naseputzen zu machen. Sollte das nötig sein, verlassen Sie am besten kurz den Raum.

An den beliebten Abendveranstaltungen von Karaoke bis Witze erzählen müssen Sie sich beteiligen – sonst sind die Aussichten für Ihren Geschäftsabschluss eher trübe. Aber: Am nächsten Tag sollte Sie kein Wort mehr über einen ausgelassenen Abend oder über den „Schluck zu viel" verlieren.

Kleidung

Im Business ist korrekte und konservative Kleidung angesagt. Das geht so weit, dass japanische Geschäftsfrauen mit zusammengebundenen Haaren und flachen Schuhen auftreten. Im Privaten darf es dagegen gern bunt und manchmal flippig sein.

USA

Amerikaner erscheinen auf den ersten Blick sehr locker – doch das täuscht oftmals! Das öffentliche Leben ist streng von Moral geprägt und orientiert sich an konservativen Werten und Regeln.

Grüßen und Begrüßen

Im Business begrüßt man sich mit einem kurzen Handschlag und Blickkontakt, wobei der Ranghöhere die Hand zuerst anbietet. Meist reicht ein „Hallo" oder „Hi" als Begrüßung. Man stellt sich zwar zunächst mit Vor- und Nachnamen vor, geht dann aber sehr schnell dazu über, sich mit Vornamen anzusprechen. Diese anscheinend lockere Anrede ist aber kein Ausdruck von Freundschaft, sondern einfach nur üblich. Amerikaner sind eher distanzorientiert und differenzieren sehr wohl zwischen Kollege, Bekanntschaft und Freund. Üblicherweise folgt der Begrüßung ein „How are you?" – eine ehrliche Antwort wird aber nicht erwartet. Stattdessen antwortet man mit „Fine" und spiegelt die Frage.

Auch wenn man sich nur kurz trifft, im Büro oder auf der Straße, werden alle Anwesenden einander vorgestellt. Dabei nimmt der Amerikaner gern

Bezug auf die besonderen Leistungen und das besondere Können jedes Einzelnen. Aber Achtung, werden Sie nicht größenwahnsinnig – Sie könnten tief fallen.

Man sagt, dass die Amerikaner eine weiche Schale und einen harten Kern haben. Zum echten Freundeskreis (dem harten Kern) gehört man meist nur, wenn man Gemeinsamkeiten wie die College-Zeit aufzuweisen hat. Bekanntschaften hat der Amerikaner dank seiner weichen Schale dagegen viele.

Business

Verhandlungen und Besprechungen beginnen pünktlich. Amerikaner sind für ihren direkten Verhandlungsstil bekannt. Lange Pausen sind ihnen in Gesprächen unangenehm. Ein Dialog ist daher oftmals mit einem Ballabtausch beim Tennis vergleichbar.

Visitenkarten werden schnell und unkapriziös überreicht und rasch weggesteckt.

Den Distanzzonen kommt große Bedeutung zu, weil man jeden Anschein von Belästigung oder unangemessener Nähe vermeiden möchte.

Meetings verlaufen häufig eher unstrukturiert und man hält sich oft nicht an die Tagesordnung. Positiv formuliert könnte man das als sehr flexibel auslegen.

Die saloppe Einladung eines Kollegen nach dem Motto „Komm doch mal vorbei" ist meistens eine Floskel der Höflichkeit. Erst wenn die Einladung mit konkretem Tag und einer Uhrzeit versehen wird, ist sie auch ernst gemeint. Wenn Sie privat nach Hause eingeladen werden, sollten Sie nachfragen, ob Sie etwas zum Essen beitragen können. Im Privatleben ist Pünktlichkeit zwar eine Kür, aber kein Muss.

Essen und Trinken

Das Mittagessen spielt in den USA eine eher untergeordnete Rolle, während dem Abendessen eine große Bedeutung zukommt, da es die Hauptmahlzeit darstellt.

Die Tischsitten ähneln denen in Europa – mit einer Ausnahme: Amerikaner schneiden das komplette Fleisch in kleine Stücke, dann wird das Messer zu Seite gelegt und der Tellerinhalt nur mit der Gabel verspeist.

Die Rechnung übernimmt der Gastgeber. Eine Gegeneinladung wird erwartet. Getrennte Rechnungen sind dagegen unüblich.

Im den USA ist es sehr wichtig, Trinkgeld zu geben, da das Servicepersonal davon lebt. Üblich sind 15 bis 20 Prozent der Rechnungssumme.

Kleidung

Zwar tut man sich schwer damit, ein so großes Land wie Amerika einheitlich zu beurteilen, aber die Kleidung ist tendenziell formell und konservativ. Die Business-Frau trägt Kostüm oder Hosenanzug. Manche Restaurants verlangen Jackett und Krawatte, bieten diese aber auch zum Leihen an. Eine gepflegte Erscheinung ist absolutes Muss. Insbesondere Körperbehaarung ist bei Damen verpönt und gilt als peinlich und geradezu vulgär.

Thailand

Thailand wird auch „Land des Lächelns" genannt und das Lächeln ist ein unverzichtbarer Teil der Kultur und ein wichtiges Kommunikationsmittel in Siam. Die Thais haben ein ausgeprägtes Nationalbewusstsein. Der thailändische König wird gottgleich verehrt. Die Farbe Gelb ist vorherrschend. Gelb gilt als die Farbe von König Bhumibol, da es eine feststehende Zuordnung von Wochentagen und Farben gibt. Montag, dem Tag, an dem der Monarch geboren wurde, ist Gelb zugeordnet. Viele Thais tragen gelbe Armbänder, Hemden und Shirts und auf Autos prangt der Aufkleber „Wir lieben den König". In jedem Haushalt, in jedem Geschäft oder Büro hängt ein Portrait des Königs, ohne dass dies angeordnet ist. Die königliche Familie genießt in Thailand höchsten Respekt. Dementsprechend ist Majestätsbeleidigung, auch wenn es sich hierbei um das Konterfei des Königs auf einem Geldschein handelt, in Thailand ein ernsthaftes Vergehen: Anfang Dezember 2006 wurde der Schweizer Oliver Jufer von den thailändischen Behörden verhaftet, da er Geldscheine mit dem Porträt des Königs im Alkoholrausch beschmiert hatte. Er wurde zu zehn Jahren Gefängnis verurteilt. Nur der König konnte ihn begnadigen und gewährte ihm im April 2007 die Entlassung aus dem Gefängnis.

Mönche haben in Thailand eine besondere Stellung und werden mit besonderem Respekt behandelt. Ihnen ist es verboten, eine Frau zu berühren, nicht einmal eine indirekte Berührung ist erlaubt. Möchte eine Frau einem buddhistischen Mönch eine Gabe zukommen lassen, so gibt sie diese einem Mann, der sie dann weiterreicht, oder sie legt ihre Gabe in ein Tuch, das der Mönch in der Hand hält. Um Berührungen mit Frauen zu vermeiden, ist in Linienbussen üblicherweise die hintere Sitzreihe für Mönche reserviert. In Bahnhöfen, Flughäfen und auf Booten in der Landeshauptstadt Bangkok gibt es eigene abgeteilte Sitzbereiche „For monks only". Sitzt dort ein Mönch, dürfen Frauen weder neben noch in der Reihe davor oder dahinter Platz nehmen.

Grüßen und Begrüßen

In vielen asiatischen Kulturen ist es nicht üblich, sich mit Handschlag zu begrüßen. Auch Umarmungen sind ungebräuchlich. Es gilt als ausgesprochen unhöflich, als Mann einer Thailänderin die Hand zu reichen. In Thailand wird mit dem „Wai" gegrüßt, dazu werden die Handinnenflächen gegeneinandergelegt vor das Gesicht gehalten. Dabei spielt die soziale Rangordnung eine wichtige Rolle. Der oder die Rangniedrigere begrüßt den Ranghöheren mit höher erhobenen Händen, also auch einen Mönch. Von Ausländern wird der „Wai" nicht erwartet.

Business

Eine direkte Verneinung einer Frage oder die direkte Zurückweisung einer Bitte vermeidet man in Thailand und „antwortet" stattdessen mit einem Lächeln. Eine unangemessene Reaktion ist, daraufhin auf seinem Anliegen zu beharren. Unhöflich ist es auch, sehr laut und eindringlich zu sprechen, in der Öffentlichkeit zu schreien oder jemanden während des Gesprächs zu unterbrechen. Wer unbeherrscht ist, verliert sein Ansehen.

Vermeiden sollten Sie unbedingt jede Form von Kritik, die zu einem Gesichtsverlust Ihres Gegenübers führen könnte. Thais sind sehr sensibel, was jegliche Form von verbaler Verletzung betrifft.

Sitzen sich zwei oder mehrere Personen gegenüber, dürfen die Beine nicht übereinandergeschlagen werden. Das gilt insbesondere bei Anwesenheit von Mönchen und Priestern.

Der Business-Dresscode ist in Thailand konservativ. Von Herren wird dunkler Anzug und Krawatte erwartet, von Damen Hosenanzug oder Kostüm.

Einladungen

Beim Besuch einer thailändischen Familie betritt man die Wohnung ohne Schuhe. Geschenke werden nur zu besonderen Anlässen wie zum Beispiel Geburtstag erwartet und mit beiden Händen überreicht. Kinder sollten Sie nie über den Kopf streichen. Die Thais betrachten das als verletzend, denn nach der Lehre Buddhas ist der Kopf der Sitz der Seele und des Geistes. Und da man davon ausgeht, dass der Geist und die Seele eines Kindes noch nicht gefestigt sind, befürchtet man durch eine Berührung Schaden für das Kind.

Frankreich

Dem „Vitamin B" kommt in Frankreich ganz besondere Bedeutung zu. Verfügen Sie daher bereits über Geschäftskontakte im Land, sollten Sie diese nutzen, um weitere Kontakte zu knüpfen. Um Kontakte anzubahnen und zu pflegen, ist jedoch viel Zeit notwendig. Immer wieder täuschen sich deutsche Geschäftspartner, wenn sie „mal eben schnell" nach Frankreich fliegen, um „kurz" eine Besprechung abzuhalten. Die Gastfreundschaft spielt traditionell eine große Rolle und so ist es für Franzosen eine Selbstverständlichkeit, dem ausländischen Gast Land und Leute näherzubringen. Allerdings geht das nicht so rasch zwischen 9 und 11 Uhr, sondern nimmt mehr Zeit in Anspruch.

Begrüßung

Bei Begrüßungen im geschäftlichen Umfeld reicht man sich die Hand. Im privaten Umfeld küssen sich Franzosen gegenseitig gern auf die Wange: zweimal in Paris und viermal andernorts.

Da man viel Wert auf Titel und den Status legt, ist es üblich, den anderen mit seiner Position anzureden (zum Beispiel „Monsieur le directeur").

Das Duzen ist dementsprechend insbesondere im geschäftlichen Umfeld unüblich. Selbst im Privaten kommt es noch vor dass Kinder ihre Eltern siezen, und auch von Jacques Chirac erzählt man sich, dass er seine Frau (zumindest vor anderen) siezt.

Smalltalk

Die Franzosen lieben es, wenn Sie ihre Sprache sprechen – selbst wenn es holprig ist. Ebenso gut kommt es an, wenn Sie sich für Kultur, Land und Leute interessieren. Und da gibt es nun wirklich einiges zu plaudern: Sei es das wunderbare französische Essen, der Wein, die Landschaft oder die Literatur. Nur die negativen und konfliktträchtigen Themen sparen Sie bei der Unterhaltung am besten weiträumig aus.

Business

Im Geschäftsleben gilt es pünktlich zu sein. Privat dagegen ist das akademische Viertel erlaubt.

Geschäftliches wird gern beim Mittagessen besprochen. Doch die wirklich brennenden Business-Themen kommen erst beim Dessert „auf den Tisch". Vorher gilt: Wohl dem, der gut im Smalltalk ist.

Der Dresscode ist konservativ, obwohl Frankreich ja als das Land der Mode gilt.

In Meetings springen die Franzosen oft von einem Punkt zum anderen. Das sollte Sie nicht aus der Fassung bringen. Hier ist Flexibilität gefragt.

Einladungen

Werden Sie nach Hause eingeladen, bringen Sie der Gastgeberin Blumen mit. Aber bitte keine Chrysanthemen (die gibt es bei Beerdigungen), keine Rosen (ein eindeutiges Angebot) und erst recht keine gelben Blumen (die bedeuten eine Affäre). Wem das zu kompliziert ist, der greift eben auf eine Flasche Wein für den Gastgeber und Pralinen für die Gastgeberin zurück.

Im Restaurant wird gemeinsam gezahlt; die Rechnung kann aber später untereinander aufgeteilt werden.

Schlusswort

„Es gibt drei Regeln, wie man ein Buch schreibt. Unglücklicherweise weiß niemand, wie sie lauten." Das sagte einst der englische Erzähler und Dramatiker William Somerset Maugham (1874 – 1965). Jeder, der sich mit der Aufgabe konfrontiert sieht, weiße Seiten mit lesenswertem Text zu füllen, wünscht sich früher oder später unweigerlich, dass diese Regeln existieren würden. Nur gibt es sie eben nicht. Positiv betrachtet steckt darin natürlich eine interessante Chance: nämlich die, dass kein Ei dem anderen (oder besser gesagt kein Buch dem anderen) gleicht. Auf jeder der vorangegangenen Seiten war es mein Anliegen, Ihren Blickwinkel als Leser einzunehmen und Sie auf unterhaltsame Art und Weise in die Welt der modernen Umgangsformen einzuladen. Nun hoffe ich, dass mein Buch mit seinen Inhalten, den Beispielen, Geschichten und Empfehlungen Ihnen Lesevergnügen bereitet und Sie bereichert hat. Jedes Kind weiß, dass trotz aller Theorie erst die Übung den Meister macht. Darum hoffe ich darüber hinaus, dass Sie alsbald das Gelesene gekonnt in die Tat umsetzen werden. Dabei wünsche ich Ihnen gutes Gelingen und viel Erfolg.

Mit den besten Wünschen

Ihre
Carolin Lüdemann

Danke ...

... aus gutem Grund:

Ich danke meiner Kollegin und meiner Freundin Lydia Wismeth für ihren unermüdlichen Einsatz bei unseren Schreibaktivitäten, die sich kurz vor knapp und immer wieder auf freie Zeit ausdehnen. Dein Engagement und deine Hilfestellung sind nicht zu übertreffen – ich danke dir!

Vielen Dank an unser ganzes Büroteam, die den Ausnahmezustand „Buch schreiben" immer wieder so geduldig und verständnisvoll über sich ergehen lassen – das ist wirklich eine Leistung!

Ein herzliches Dankeschön an Christian Jund, der als Verleger des Finanz-Buch Verlags Vertrauen, Begeisterung, Unterstützung und Geduld in dieses Buchprojekt investiert hat. Ebenso tausend Dank an Kent Gärtner, der als Lektor den schwierigen Spagat zwischen Freiraumlassen und Hilfegeben wunderbar beherrscht hat.

Literaturverzeichnis

Asserate, Asfa-Wossen: *Manieren.* Eichborn, 2003

Fircks, Alexander Freiherr von: *Anschriften und Anreden.* Asgard-Verlag, 1997

Graudenz, Karlheinz/Pappritz, Erica: *Das Buch der Etikette.* Südwest Verlag, 1956

Hermann, Ingo: *Knigge: Die Biografie.* Propyläen, 2007

Knigge, Adolph Freiherr, *Über den Umgang mit Menschen.* Reclam, 1991

Mai, Jochen: *Gute Manieren als Erfolgsfaktor.* Wirtschaftswoche vom 21.01.2008

Mitchell, Charles: *Interkulturelle Kompetenz im Auslandsgeschäft entwickeln und einsetzen.* Deutscher Wirtschaftsdienst, 2000

Oppel, Kai: *Business Knigge international.* Haufe, 2006

Sack, Adriano: *Manieren 2.0: Stil im digitalen Zeitalter.* Piper, 2007

Sack, Adriano: *Über den Umgang mit Menschen und Mäusen: Gebrauchsanweisung für das 21. Jahrhundert.* Welt am Sonntag vom 07.10.2007

Ueding, Gert (Herausgeber): *Adolph Freiherr von Knigge: Über den Umgang mit Menschen.* insel taschenbuch, 1977

Uhl, Gerhard/Uhl-Vetter, Elke: *Business-Etikette in Europa.* Gabler, 2007

Wälde, Rainer (Herausgeber): *Der grosse Knigge.* VNR Verlag für die Deutsche Wirtschaft, 2008

Stichwortverzeichnis

Über die Autorin

Carolin Lüdemann ist Juristin und ausgebildeter Business-Coach. Ihre Vorträge und Seminare – praxisnah, lebendig und durch namhafte Referenzen ausgezeichnet – sind regelmäßig ausgebucht und unterstützen den Einzelnen dabei, die Wirkung auf seine Mitmenschen signifikant zu erhöhen. Carolin Lüdemann ist Mitglied des renommierten deutschen Knigge-Rats und spricht Empfehlungen für das stilgerechte und zeitgemäße Miteinander aus. Als Karriereexpertin bei den TV-Sendern N24 und Sat.1 sowie anderen namhaften Medien wie beispielsweise *SWR Funk und Fernsehen*, *Süddeutsche Zeitung* und *Welt* ist sie regelmäßig für eine breite Öffentlichkeit präsent. An ihren Trainings nehmen Top-Manager sowie High Potentials aus Industrie, Beratung und Verbänden teil. Weitere Informationen unter www.carolin-luedemann.de

Lust auf mehr?

www.ftd.de/bibliothek

Karin Kneissl

Die Energiepoker
Wie Erdöl und Erdgas
die Weltwirtschaft
beeinflussen

ISBN 978-3-89879-448-0
Preis 29,90 Euro (D),
30,80 Euro (A), sFr. 49,90
248 Seiten

Michael Brückner

Megamarkt Luxus
Wie Anleger von der Lust auf
Edles profitieren können

ISBN 978-3-89879-376-6
Preis 34,90 Euro (D),
35,90 Euro (A), sFr. 59,00
212 Seiten

Michael Brückner

**Uhren als
Kapitalanlage**
Status, Luxus,
lukrative Investition

ISBN 978-3-89879-152-6
Preis 34,90 Euro (D),
35,90 Euro (A), sFr. 59,00
294 Seiten

Adrian Gostick/Chester Elton

**Zuckerbrot statt
Peitsche**
Wie man mit einer täglichen
Dosis Anerkennung sein Un-
ternehmen nach vorn bringt

ISBN 978-3-89879-374-2
Preis 34,90 Euro (D),
35,90 Euro (A), sFr. 59,00
234 Seiten

Bernard Baumohl

**Die Geheimnisse
der Wirtschafts-
indikatoren**

ISBN 978-3-89879-261-5
Preis 34,90 Euro (D),
35,90 Euro (A), sFr. 59,00
407 Seiten

Steffen Klusmann (Hrsg.)

**Die 101 Haudegen
der deutschen
Wirtschaft**
Köpfe, Karrieren
und Konzepte

ISBN 978-3-89879-186-1
Preis 29,90 Euro (D),
30,80 Euro (A), sFr. 49,90
471 Seiten

Peter Navarro
**Das komplette
Wissen der MBAs**

ISBN 978-3-89879-264-6
Preis 34,90 Euro (D),
35,90 Euro (A), sFr. 59,00
375 Seiten

Jerry Porras/Stewart Emery
Mark Thompson
Der Weg zum Erfolg
Erfolgsmodelle von Menschen,
die in ihrem Leben etwas
bewegt haben

ISBN 978-3-89879-305-6
Preis 34,90 Euro (D),
35,90 Euro (A), sFr. 59,00
295 Seiten

Hans Joachim Fuchs
Die China AG
Zielmärkte und Strategien
chinesischer Markenunter-
nehmen in Deutschland und
Europa

ISBN 978-3-89879-347-6
Preis 34,90 Euro (D),
35,90 Euro (A), sFr. 59,00
436 Seiten

Jean-Louis Bravard/Robert Morgan
**Intelligentes und
erfolgreiches
Outsourcing**
Ein kompakter Leitfaden für
das rationale Auslagern von
Unternehmensprozessen

ISBN 978-3-89879-377-3
Preis 34,90 Euro (D),
35,90 Euro (A), sFr. 59,00
ca. 270 Seiten

Paul Miller
Auf dem Prüfstand
Die 30 gängisten Marketing-
und Managementprinzipien

ISBN 978-3-89879-375-9
Preis 34,90 Euro (D),
35,90 Euro (A), sFr. 59,00
378 Seiten

Joachim Schwass
**Wachstums-
strategien für
Familienunternehmen**
In der Praxis getestete
Langfristansätze

ISBN 978-3-89879-304-9
Preis 34,90 Euro (D),
35,90 Euro (A), sFr. 59,00
215 Seiten

Steffen Klusmann (Hrsg.)

**Töchter der deut-
schen Wirtschaft**
Weiblicher Familiennach-
wuchs für die Chefetage

ISBN 978-3-89879-407-7
Preis 34,90 Euro (D),
35,90 Euro (A), sFr. 59,00
304 Seiten

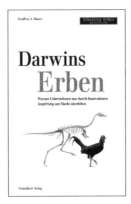

Goffrey A. Moore

Darwins Erben
Warum Unternehmen nur
durch Innovationen langfristig
am Markt überleben

ISBN 978-3-89879-284-4
Preis 34,90 Euro (D),
35,90 Euro (A), sFr. 59,00
261 Seiten

Robert L. Heilbronner

**Die Denker
der Wirtschaft**

ISBN 978-3-89879-185-4
Preis 34,90 Euro (D),
35,90 Euro (A), sFr. 59,00
326 Seiten

Leander Kahney

**Steve Jobs'
kleines Weissbuch**
Die bahnbrechenden Ma-
nagementprinzipien eines
Revolutionärs

ISBN 978-3-89879-351-3
Preis 34,90 Euro (D),
35,90 Euro (A), sFr. 59,00
249 Seiten

Charles R. Geist

**Die Geschichte der
Wallstreet**
Von den Anfängen der
Finanzmeile bis zum Unter-
gang Enrons

ISBN 978-3-89879-260-8
Preis 29,90 Euro (D),
30,80 Euro (A), sFr. 49,90
493 Seiten

Keith Goffin/Rick Mitchell

**Innovations-
management**
Strategie und effektive Um-
setzung von Innovationspro-
zessen mit dem Pentathlon-
Prinzip

ISBN 978-3-89879-348-3
Preis 34,90 Euro (D),
35,90 Euro (A), sFr. 59,00
250 Seiten